Stanford Design Thinking

기술 창업 전문가!

Design Thinking
실전 창업

윤용진

도서출판
청람

추천사

지난 반세기 동안 대한민국은 전대미문의 국가 발전을 이루어 왔다. 그 기반에는 정부의 대대적인 지원을 바탕으로 한 대기업 중심의 성장 모델이 있었고, 또한 이를 뒷받침할 수 있는 과학기술 인재들이 있었다.

그럼 2023년 현재는 어떠한가? 4차 산업혁명의 등장으로 인하여 디지털 대전환, 탈중앙체계로 세계적인 경제 생태계가 급격하게 재편됨으로써, 대한민국은 더 이상 대기업 중심의 성장 모델만으로 글로벌 선도국가를 꿈꾸기에는 역부족한 것이 현실이다.

이에 저자는 대한민국의 또 다른 도약을 위해서, 기술 기반 혁신 스타트업을 키워 나가야 함을 역설하고 있다. 그 시작을 위해서 저자는 실리콘밸리, 싱가포르, 그리고 국내에서의 창업 경험을 바탕으로 〈Design Thinking 실전 창업〉을 준비하였다. 예비 창업자를 위한 저자의 이 작은 선물이 앞으로 대한민국이 글로벌 선도 국가로서 자리매김하는 데 크나큰 역할을 할 것이라 생각된다.

실로 대한민국이 명실상부한 글로벌 강국이 되기 위해서는 새로운 발전 원동력을 찾아야 하는 시기가 도래했다. 이를 위해 카이스트 또한 '1실험실, 1창업'을 목표로 기술 기반 스타트업 육성의 요람이 되고자 부단한 노력을 하고 있다.

저자의 살아있는 창업 경험과 실전 창업교육에 대한 열정을 담은 이 책이 예비 창업자의 열정을 활활 불태울 수 있는 작은 불씨가 될 것이다.

이광형 KAIST 총장

저자는 스탠퍼드 유학시절부터 지금까지 끊임없이 창업을 꿈꾸고 실행해 왔다. 그 기나긴 창업 여정에서 깨달은 통찰은 현재 창업을 꿈꾸거나 준비하고 있는 독자들에게 큰 울림을 줄 것으로 기대된다.

또한 이 책 〈Design Thinking 실전 창업〉은 그동안 저자가 교육자로서 실전 창업교육을 통해 쌓아온 창업 노하우가 고스란히 담겨 있는 창업 입문서로서 실전 창업교육의 새로운 지평을 열어주고 있다.

저자가 책에서 보여주는 '수많은 실패에도 좌절하지 않고 계속 도전하는 기업가정신'과 '글로벌 창업가로서의 열정'은 창업을 준비하는 독자분들에게 창업의 현실을 가감 없이 보여주면서도, 험난한 창업 여정을 헤쳐나갈 수 있는 용기를 줄 것이다.

또한 고객의 언맷니즈를 발굴해서 제품과 서비스를 만드는 디자인 씽킹 기반의 창업 방법론은 저자만의 독자적이고 혁신적인 창업 방법론으로서, 앞으로 많은 예비 창업자분들이 이 창업 방법론을 실전에 적용하여 성공하는 기업가가 될 수 있을 것이다.

저자는 다가오는 글로벌 경제 위기 속에서, 대한민국이 나아가야 할 방향이 '혁신 기술 기반 스타트업 육성'에 있음을 강조하였는데 동감되는 바가 크다. 저자의 창업에 대한 열정과 그 결과물인 이 책이 대한민국의 스타트업 육성에 크나큰 기여를 할 것으로 기대하며 이를 응원한다.

부디 독자 여러분도 이 책을 통해서 저자가 제시하는 창업 여정에 함께하는 동반자가 되기를 기대한다.

정진택 고려대학교 총장

본인이 중앙대에서 10년간 산학협력과 창업지원을 담당하면서 느낀 점은 창업에는 A~Z와 정도가 없다는 것이다. 특히 기술과 경영이 다양한 방식으로 동반되어야 하는 기술창업의 경우, 기술자와 경영자가 각자의 영역에만 전문성을 가지고 역할을 나누어 담당하기에 아무리 좋은 기술이라도 실질적으로 사회에 공헌할 수 있는 결과를 도출하기란 낙타가 바늘귀에 들어가는 것보다 어렵다.

그럼에도 불구하고 최근 창업 열풍으로 많은 청년들이 성공을 꿈꾸며 아이디어 차원의 실험적 기술을 가지고 창업 전선에 뛰어들기를 갈망하며, 실제로 보유 기술과 상용화의 미스매치로 인해 많은 실패를 경험하고 좌절한다. 여태껏 사회에 난무하는 온갖 기술과 경영을 각각 다룰 수밖에 없는 획일화된 이론적 접근방식의 창업 가이드라인은 창업을 갈망하는 청년들에게 도움을 주기에는 턱없이 부족한 교육방식이었다. 이에 공학자의 기술창업의 경험으로 서술된 윤용진 교수의 실전 창업 교재 〈Design Thinking 실전 창업〉의 발간이 한없이 반갑다.

저자인 카이스트 기계공학과 윤용진 교수는 유능한 공학자이면서 스탠퍼드대학, 난양공과대학, 실리콘밸리 등에서 다수의 창업 경험을 가진 이론과 실전을 겸비한 학자로서, 현재 대학산업기술지원단장을 역임하며 청년들의 스타트업을 직접 지원하고 있는 창업계의 올인원 인재이다. 그의 창업을 통한 실패담, 기술 강조만이 아닌 고객중심의 디자인 씽킹, 투자 유치를 위한 IR 피치덱 실전 가이드, 경험에 기반한 실질적 조언들을 아낌없이 쏟아내고 있는 창업 방법론의 실전 교재 발간에 뜨거운 응원과 박수를 보낸다.

이 책이 기술창업을 꿈꾸는 젊은이들의 한줄기 빛과 같은 지침서가 되리라 믿어 의심치 않으며 이 책을 통해 배운 독자들의 창업이 유니콘 기업으로 성장하기를 기대한다.

김원용 중앙대학교 교수

(현)대한미생물학회 회장 · 이사장,

(전)전국대학교 산학협력단장 · 연구처장 협의회 회장,

(전)한국기술지주회사협회 회장

저자는 기업가정신을 경험한 교수로서 세계 10위권 규모의 스탠퍼드대 동문 기업을 카이스트에서도 꿈꾸고 있다.

기업가는 99%의 평범한 길이 아닌 1%의 가능성에 도전하여 실패 직전 고난의 깊이를 극복하여 성공이라는 영광의 높이에 이르는 자들임을 저자는 강조하고 있다. 또한 세계적인 수준의 연구를 바탕으로 글로벌 벤처기업의 꿈을 꾸는 젊은 벤처기업가들에게 저자가 열정적으로 용기와 함께 노하우를 전달하고자 하는 이 책을 강력하게 추천한다.

박성진 포항공대 기계공학과 교수

포스코 산학연협력실 전무(실장)

원론적으로 교직에 있는 사람들은 직업 성향상 창업에 두려움을 느끼기 마련이다. 그러나 윤용진 교수는 다르다. 특유의 창업가정신으로 똘똘 뭉쳐 있다. 이 책 역시 그 자신의 창업에 대한 열정뿐 아니라 후학들이 창업에 대해 도전하기를 열망하는 내용들로 가득하다. 윤용진 교수는 단순히 어떻게 창업하면 되는지에 대한 프로세스만 설명하는 것이 아니다. 인문 · 과학적 소양을 기반으로 어떻게 시장을 이해하고, 어떤 팀을 꾸려야 하는지 등에 대해서 그의 경험과 지식을 통해 친절하게 알려주고 있다. 이제 막 스타트업, 특히 글로벌 스타트업에 뛰어든 현직, 예비 창업가들에게 이 책을 권한다.

호경식 한국투자파트너스 상무

스탠퍼드대 박사로 싱가포르 난양공과대를 거쳐 KAIST 기계공학과에 둥지를 튼 윤용진 교수는 '찐'이다. 안전한 캠퍼스 울타리를 넘어 과감한 도전 끝에 크고 작은 실패를 딛고 창업의 두려움부터 성장의 어려움까지 직접 겪으면서 교원 창업기업을 이끌고 있기 때문이다. 그런 그가 스탠퍼드의 '인간중심 디자인 씽킹 문제해결 방법론'을 자신의 창업 도전에 접목한 이야기를 책으로 펴냈다. 이 책은 혁신 스타트업 창업을 꿈꾸는 과학기술자가 찾기 어려운 귀한 창업 지혜를 생생하게 알려주는 실전 창업 필독서이다.

김영태 KAIST 창업원장

윤용진 교수는 공학을 전공한 학자로서 해박한 지식은 물론 국내외에서 이미 다수의 스타트업을 창업한 선배 창업가이다. 그가 필드에서 직접 뛰면서 체득한 노하우와 다양한 경험을 이 책에 녹여내고 있다. 혁신적인 기술과 번뜩이는 아이디어에도 불구하고 경험 부족으로 신규 창업, 투자 유치, 사업 확장, 해외진출 등에 어려움을 겪고 있는 스타트업들에게 이 책은 올바른 방향을 제시하는 내비게이터가 될 것으로 기대한다. 특히 국내에는 생소한 '인간 중심 Design Thinking' 프레임워크 전문가로서 그가 제시하는 방법론들은 스타트업의 체계적인 비즈니스 모델 정립과 성장에 큰 도움이 될 것이라고 확신한다.

정재혁 KDB 산업은행 벤처투자팀 팀장

빠른 실행, 실패의 경험, 그리고 그것을 통해 배운 것을 바탕으로 한 새로운 도전, 스탠퍼드의 디자인 씽킹은 스타트업 창업자에게 더할 나위 없이 맞아 떨어지는 방법론이다. 그러나 디자인 씽킹의 이론과 창업의 현실을 같이 접목해서 풀어쓴 책은 그간 찾아보기 힘들었다. 사람을 가르치는 학자의 일과 회사를 창업해서 성장시키는 사업가의 일을 병행하는 사람이 드물기 때문이리라.

저자는 보기 드물게 그 두 마리 토끼를 잡고자 달려온 인물이다. 그렇기에 디자인 씽킹 방법론을 누구보다도 쉽게 창업의 현실과 접목시킬 수 있었고, 그 결과를 이렇게 하나의 책으로 엮어낼 수 있었다. 파도가 치는 캄캄한 망망대해에서 등대가 이정표가 되어주듯이, 이 책이 어려운 환경에서 도전하는 스타트업 창업자들에게 길잡이가 되기를 기원한다.

정영수 이에스인베스터 대표이사

서 문

2014년 여름, 필자가 2009년에 창업한 G사가 KONEX(코넥스) 상장을 준비하던 중 부도를 냈다. 아직도 G사의 부도 소식을 들은 그날을 잊을 수가 없다. 그간 G사의 성장을 위해 쏟아부은 시간과 자금이 한순간에 수포로 돌아갔고, 회사의 미래를 함께했던 동료들과 투자자들에게 너무나 죄송한 마음이었다. 처음으로 창업을 하고, 미국과 대만, 한국을 다니며 제품을 만들어 내려 했던 시간들과 투자 유치를 위해 노력했던 순간들이 주마등처럼 스쳐 지나갔다. 부도가 난 후 몇 개월은 잠도 제대로 못 잘 정도로 극심한 스트레스를 겪었다.

그 후 "창업을 다시는 하지 말아야겠다"는 생각보다 "이렇게 고통에 괴로워할 시간에 새로 회사를 시작해야겠다"는 결심을 굳히고, 다시 창업을 했다. 이번에는 무리한 투자 유치를 통해서 회사를 키우기보다는 최대한 투자를 받지 말고 탄탄한 제품과 서비스를 기반으로 매출을 올려서 회사를 키워보자는 생각이었고, 이러한 생각으로 동업자 P와 함께 뜻을 맞추어 다시 창업을 했다.

2014년 겨울, 그렇게 다섯 평 남짓한 오피스에서 연 매출 1억을 목표로 P와 함께 새로운 회사 K를 시작했다. 크나큰 실패 후 다시 이를 악물고 P와 둘이서 함께 살다시피 하며 차근차근 매출을 늘려갔다. 사업 시작 이듬해인 2015년 겨울에는 얼추 연 매출 1억을 달성했고, 이를 축하하기 위해 P와 싱가포르 마리나베이샌즈가 보이는 '랜턴'이라는 바에서 단 둘이 송년회를 했던 기억이 생생하다. 이렇게 단 둘이 시작한 회사는 이듬해 현재 한국 법인장으로 있는 K가 파운더로서 합류했으며, 싱가포르 현지법인과의 M&A를 통해 제법 회사다운 회사로 성장했다.

벌써 창업한 지 만 칠년이 넘은 K사는 이제 한국과 아세안 지역 5개국에 지사를 두고서 유명 벤처캐피탈 및 유수의 글로벌 기업들과 함께 사업을 꾸려 나가며 나날이 성장하고 있다. K사는 내게 '창업－실패－창업－실패'라는 고단한 과정을 끊어내 준 고마운 회사이며, 초창기부터 모든 우여곡절을 함께 이겨내고 K사를 일구어 낸 P와 K는 이제 둘도 없는 친구이자 인생의 동반자가 되었다.

돌이켜 보면, 나는 회사에 입사해서 남의 일을 하기보다는 나의 일을 하고 싶었고 그렇게 창업을 꿈꾸어 왔었다. "무식하면 용감하다"는 말이 있듯이 필자는 창업을 한다는 것이 얼마나 힘든 일이고 사업을 키워낸다는 것은 그보다 훨씬 더 어려운 일이라는 것을 몰랐기 때문에, 준비도 없이 무턱대고 창업을 했다. 이런 무지의 결과는 너무 잔혹한 실패를 낳았고, 나 또한 많은 실패한 창업자들과 같이 경제적으로나 정신적으로도 많이 피폐해지고, 신체 또한 망가지게 되었다.

이러한 실패 후에도 필자는 여러 번의 창업을 더 했고 많은 실패와 몇 번의 작은 성공을 겪어왔는데, 이러한 창업 경험을 바탕으로 대학과 기관 또는 기업에서 '실전 창업'에 대한 강의를 수년간 해왔다. 그러던 중 스탠퍼드 유학 중 배웠던 '인간 중심 디자인 씽킹 문제해결 방법론'을 창업에 적용하여 강의를 하게 되었고, '디자인 씽킹 실전 창업 방법론'이 창업을 준비하고 있는 분들에게 현실적인 도움이 되었음을 다년간의 수업을 통해 알게 되었다. 이렇게 실제 창업을 통해 알게 된 필자만의 창업 노하우와 '창업에 대한 생각' 및 '디자인 씽킹 실전 창업 방법론'을 필자의 강의를 접하지 못한 예비 창업자분들과 공유하고 싶은 마음에, 초보 창업자를 위해서 이 책의 집필을 시작했다.

예능 프로그램 중에 한국에 처음 와보는 외국인들이 한국을 여행하며 느끼는 것들을 보여주는 〈어서 와~ 한국은 처음이지?〉라는 프로가 있다. 이 프로그램에 나오는 '한국'에 처음 발을 내딛는 외국인처럼, '창업'이라는 미지의 세계를 이제 막 탐험하려는 예비 창업자들을 위해서 '창업'이라는 험난한 여행을 시작할 때, 작은 나침반과 지도 하나를 선물해 주고 싶은 마음에 이 책 〈Design Thinking 실전 창업〉을 준비했다.

창업을 시작하려는 예비 창업자분들이 필자가 겪었던 어려움을 조금이라도 덜 경험하기를 바라는 마음으로 창업 준비 노하우를 이 책에 담았다. 이러한 난관을 모두 극복하고 이미 성공을 거둔 사업가나 전문 투자자분들이 보았을 때, 필자가 말하는 '창업'에 대해 100% 공감이 가지 않거나 다른 의견이 있을 수 있다고 생각한다. 아직은 필자 또한 '초보' 창업자라고 생각하고 있기에, 그러한 부분들은 언제든 알려주시면 너무 감사히 가르침을 받을 것이다. 그리고 앞으로도 계속해서 창업을 할 것이며, 미래의 창업 여정에서 겪게 될 새로운 경험들을 후에 독자들과 나눌 수 있으면 하는 바람이다.

얼마 전부터 아들 두 녀석이 같은 초등학교에 다니기 시작했다. 초등학교 4학년이 된 첫째 아들이 이제 막 초등학교 1학년에 입학한 둘째 아들에게 학교생활에 대해 가르쳐 주면서 뿌듯해하고 즐거워하던 모습이 눈에 선하다. 필자 또한 '창업'이라는 인생의 학교에서 여러분들보다 조금 먼저 경험을 했고, 아직은 갈 길이 머나먼 창업학교의 초등학생이다. 이제 막 창업을 시작하려는 여러분들께 마치 필자의 첫째 아들이 동생을 도와주려는 마음과 같이 이 책을 준비했고, 이 책을 통해서 독자분들이 창업이라는 세계를 엿보는 데 조금이라도 도움이 되었으면 하는 필자의 진심이 독자 여러분들께 오롯이 전달되었으면 한다.

마지막으로 〈Design Thinking 실전 창업〉이 출판될 수 있도록 물심양면으로 도와주신 도서출판 청람의 이수영 대표님, 사랑하는 가족과 친구들에게 감사의 마음을 전한다.

다가오는 가을을 맞이하며 2023년 9월에
〈Design Thinking 실전 창업〉
저자 윤용진

차 례

1장 나의 창업 이야기

2장 고전에서 창업을 배우다

3장 고객 중심 디자인 씽킹 실전 창업

1장 나의 창업 이야기

01 나의 창업 이야기

1.1 습관성 창업 증후군

나는 서울 관악구 신림동에서 태어나, 청년 시절까지 인생의 전반기를 그곳에서 보냈다. 어린 시절 우리집은 관악산 자락의 이름모를 산 바로 아래에 있었는데, 동네 친구들과 뒷산 그루터기 아래에 서너 명이 들어갈 수 있는 굴을 만들어서 밤늦게까지 놀곤 하였다. 옆집 친구 J네는 꽤 큰 논밭이 있었는데, 가끔 J네 밭에는 개구리나 뱀이 나올 정도로 매우 자연 친화적인 환경이었다.

그 당시 나는 동네 친구들 사이에서 새로운 놀이를 잘 만들기로 꽤나 알려져 있었다. 새로운 놀이를 만들어 친구들과 함께 놀면서, 놀이를 업그레이드해 나갔는데, 내가 만든 놀이가 점점 완성되어 가는 것을 꽤나 즐겼었다. 아직 초등학교도 가지 않은 동네 꼬마는 새로 만든 놀이가 친구들이 좋아하는지 관찰해 가면서 조금씩 업그레이드를 해 나갔는데, 지금 생각해 보면 본능적으로 새로운 놀이를 만들었던 이 프로세스가, 이 책에서 여러분과 함께 알아볼 창업 도구인 디자인 씽킹 프로세스와 놀랍도록 유사한 부분이 많다.

어릴 적 나의 또 다른 취미는 동네 친구들과 탐험팀을 만들어서 어른들이 잘 가지 않는 동네 뒷산과 근처 폐가를 발굴해서 우리만의 요새를 만드는 것이었다. 어린 시절 내 세상의 전부였던 신림 6동 시장부터 신림 10동 밤골, 9동 화랑단지와 가끔은 조금 멀리 있는 신림 사거리까지 누비고 다니며 나만의 새로운 놀이를 만들어서 친구들과 함께 노는 것을 좋아했었다.

중학교 시절 어느 날 부모님께서 컴퓨터를 사주셨는데, 간단한 게임 등을 만들어서 동네 친구들에게 주거나 팔기도 했다. 이렇게 무언가를 만드는 데 재미를 붙였던 나는 고등학교 졸업 후에 로봇이나 자동차, 비행기 등을 만들고 싶어서 '기계공학과'로 진학을 했고, 대학 졸업 후 회사 동료들과 함께 온라인 단어장이나 인터넷 영어 방송국 같은 새로운 제품이나 서비스를 만들어서 시장에 내놓기도 하였다. 자바 등 인터넷 서비스를 구축할 수 있는 스크립트 프로그램과 SQL 등 서버 운용 프로그램을 익혀서 동료들과 여러 달의 밤샘 작업 끝에, 나름 국내 최초 온라인 단어장과 사용자가 원하는 시간에 편하게 영어 교육방송을 들을 수 있는 온라인 영어방송 사이트를 만들었다.

지금이야 이런 것들이 너무나 자연스러운 일들이었지만, 1990년 말에는 영어방송을 주로 라디오로 듣던 시기여서, 인터넷으로 원하는 시간에 원하는 방송을 들을 수 있다는 것은 굉장히 획기적인 서비스였다. 하지만 그 당시 "인터넷 서비스는 무조건 무료"라는 인식이 팽배해 있었던 시기라, 우리가 내놓은 서비스가 수익을 내지 못하고 시장에서 퇴출되면서 실패하였다.

이때 세상에 없는 새로운 제품과 서비스를 만들었지만, 시장에서 외면

받게 된 이유에 대해서 깊이 생각하였는데, 결론은 고객이 어떤 것을 원하는지 제대로 파악하지 못하였다는 것이었다. 이러한 이유 이외에도 그 당시의 나는 제품과 서비스를 성공시킬 만한 경험과 인적 네트워크가 많이 부족했고, 이에 더 많은 준비와 경험을 하고서 제대로 된 제품을 만들어 보겠다는 결심을 했다. 그러고는 이 목표를 이루기 위해서 창업의 성지로 잘 알려져 있는 실리콘밸리에 위치한 스탠퍼드 대학교로 유학을 가야겠다는 목표를 세웠다.

먼저 미국 유학 준비를 위해 대학교 성적표를 발급해 보았다. 당시 유학생들이 지원한 학교와 학점을 공개하는 사이트가 있었는데, 거기에 공개된 스탠퍼드 진학생과 비교해 봤을 때 나의 학점은 너무나도 형편없었다. 게다가 영어 또한 고등학교 졸업 이후로는 손을 놓았던 터라 걱정이 되었다. 그래도 고교 시절 본고사도 준비하고, 학교 대표로 영어 경시대회도 나갔던지라, 혹시나 "그때의 실력이 남아있을까?" 하는 마음도 들었다. 이렇게 유학 준비를 시작할 즈음인 2001년 겨울, 내 머릿속 어딘가에 조금이라도 남아있을 것 같은 영어 실력을 알아보기 위해 TOEIC 시험을 봤다.

유난히 추웠던 그날의 시험장에서 나는 문법시험부터 시작해서 듣기시험으로 넘어갈 즈음에는 이미 "잘해야 반 정도 풀겠다"는 생각이 들었다. 아무리 대학생활 동안 영어를 등한시했더라도 "어떻게 이렇게 영어가 한마디도 안 들릴 수 있다는 말인가?" 하며 너무나 놀랐던 기억만이 생생하다. 슬픈 예감은 틀린 적이 없듯이, 유학 준비를 위한 영어 실력 점검의 결과는 참담했다. 결국 예상했던 것보다 조금 더 낮은, 그 당시 중학생 수준의 TOEIC 점수를 받았다. 게다가 2001년에는 20년간 공무원으로 근무하셨던 아버지께서 창업을 하셨다가 뜻대로 되지 않아 집안 형편도 어려워졌던 상황까지 겹치게 되었다. 그때 나는 "실력도 형편도 안 되는데 무슨 유학을 간다고?" 하며 잠깐 포기할까 하는 생각도 했지만, "어찌 되었든 한 번 해보자"는 'Just Do it' 정신을 되뇌이며 본격적으로 유학 준비를 하기 시작했고, 열심(熱心)히, 문자 그대로 심장이 뜨거울 정도로 준비했다. 여러 가지 행운과 노력의 결과가 맞물려 결국 1년이 채 지나지 않은 2002년 여름에는 TOEFL과 GRE 점수를 거의 만점에 가까울 정도로 올려 놓을 수 있었다.

이렇게 영어와 함께 학업 계획서인 SOP(Statement of Purpose)도 진심을 담아 준비하였는데, 학업 계획서에는 나의 창업과 기술사업화에 대한 꿈과 계획을 한 줄 한 줄 정성을 담아서 준비했다. 이렇게 모든 준비를 마치고 미국 유학을 지원하고 결과를 기다렸다. 놀랍게도 결국 그토록 원했던 스탠퍼드 대학교 기계공학과로부터 대학원 입학 통지서를 2003년 2월즈음 받게 되었다. 나도 가족들도 믿기지 않는 기적 같은 일이었고, 이렇게 인생의 큰 전환점이 되었던 나의 미국 유학생활이 시작되었다.

우여곡절 끝에 꿈에 그리던 실리콘밸리의 중심에 있는 스탠퍼드로 유학을 가게 되었고, 대학원 재학시절, 뜻을 함께하는 동료들과 창업 아이템을 가지고 시제품을 만들어서 실리콘밸리의 벤처캐피탈 몇 군데를 찾아가 투자 유치 활동(IR Pitch)도 해보면서 글로벌 창업의 꿈을 키워갔다. 특히 스탠퍼드에는 Business Association of Stanford Entrepreneurial Students(BASES, http://bases.stanford.edu/)라는 학생들의 창업을 지원하는 기관이 있다. BASES에서는 정기적으로 스탠퍼드 학생들의 창업 백서(White Paper, 짧은 사업 계획서)를 취합한 후에, 주변 유명 벤처캐피탈에 심사를 요청해서 사업 가능성이 있는 창업 아이디어를 추려낸다([그림 1-1] BASES 홈페이지 참조). 여기에 선정이 되면 학생들의 사업 아이템에 관심을 가진 벤처캐피탈의 멘토링을 받을 수 있는 아주 귀중한 기회가 주어지는데, 나 또한

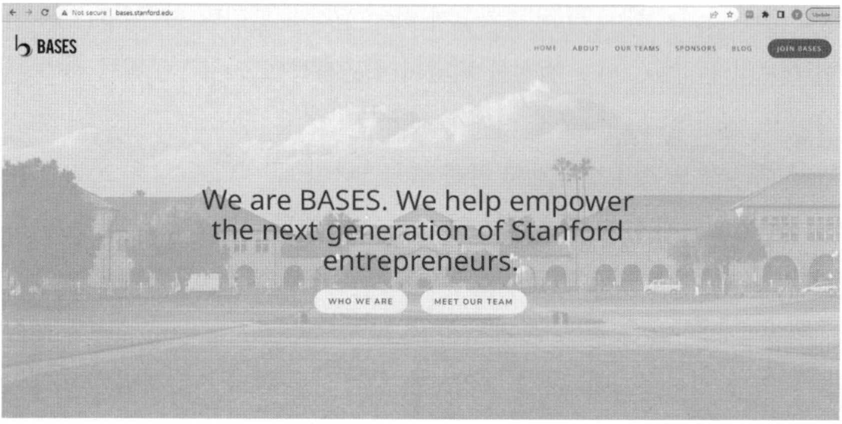

그림 1-1 ❙ BASES 홈페이지

'어르신을 위한 이메일 및 미디어 인터페이스 사업'을 제안해서 3등에 선정되어 유명 벤처캐피탈 파트너의 멘토링을 받아서 사업 준비를 했다. 하지만 글로벌 사업의 문턱이 높았는지, 여러 번의 IR Pitch 발표에도 투자 유치가 되지 않아서, 이 사업 아이템은 사업 시작 전에 접게 되었고, 그 이후 대학원 재학 중에도 두세 번의 창업 도전을 했지만, 학업과 병행하면서 사업을 성공시키기에는 나의 역량과 경험이 부족했다. 그때는 어렵게 시작한 박사과정을 마치고 싶은 마음이 더 커서, 창업에 대한 열정을 잠시 묻어두고 대학원 졸업 후에 다시 창업을 하기로 마음을 먹었다.

2009년 대학원 졸업 즈음, 졸업 후 가능하면 창업을 하고 싶었지만, 마땅한 창업 아이템이 없었고, 창업을 진행할 동료도 없었으며, 창업자금 또한 준비하지 못했다. 그래서 창업은 잠시 접어두고서 실리콘밸리의 벤처캐피탈과 투자은행에 지원을 해보았지만, 금융위기가 한창이던 시기여서 대부분의 투자회사나 금융회사들은 구조조정을 본격적으로 진행하고 있었고, 그 당시 나는 원하는 투자회사에 입사하지 못했다. 2009년 초부터 미국의 여러 투자회사에 지원을 하고 면접을 보았지만, 합격이나 불합격 이야기도 없이 그렇게 한 해가 지나가고 있었다.

이때 다시 그럼 "갈 수 있는 회사가 없으면 내가 회사를 만들자!"는 생각에 본격적으로 사업 아이템을 발굴하기 시작했고, 함께 사업을 할 동료를 찾기 시작했다. 결국 2009년 여름에 빌딩 에너지 관리(Building Energy Management System: BEMS) 회사인 G사를 스탠퍼드 동료들과 함께 창업했다. G사는 초기에 대만의 BEMS로 성공한 회사의 사업 모델을 한국에 들여와서 빠르게 사업화를 시작했다. 그 후 수년간 지속적인 성장을 하여, 다수의 개인투자 및 기관투자를 기반으로 창업 5년 후인 2014년에는 코넥스(Korea New Exchange: KONEX) 주식시장의 상장을 위한 회계심사 직전까지 회사가 성장했지만, 안타깝게도 회사 내부 사정으로 상장을 하지 못하고 접어야 했다. 이때 몇 개월간을 잠 못 이루며 다시 한번 "이번에는 왜 사업에 실패했을까?"를 고민했고, 결국 나의 욕심과 맹목적인 투자 유치, 그리고 내부 회계감사를 소홀히 했던 나의 방만함으로 이런 참담한 결과를 맞았음을 깨닫게 되었다.

G사의 실패 후 2015년 겨울, 싱가포르에서 다시 창업을 했다. 한국의 기술 기반 스타트업과 중소기업의 해외진출을 지원해 주는 회사였으며, 아직까지도 큰 투자 유치 없이 매출을 탄탄하게 키워가며 꾸준히 성장하고 있다. 이렇게 여러 번의 실패를 겪으면서도 계속 창업을 해왔고, 2018년 한국의 카이스트로 돌아온 이후, 그간 쌓아온 경험을 기반으로 더욱 기술 창업에 매진하고 있지만, 아직도 나는 창업에 배가 고프다.

이런 나를 보고서 주위 친구들은 '습관성 창업 증후군'에 걸렸다고들 하는데, 이는 아직도 내가 창업을 하고 직접 경영을 해서 상장까지 이루어 내지는 못했기 때문에 앓고 있는 병이라는 생각이 든다. 다행히도 예전에 창업했던 몇몇 회사들이 인수합병(M&A)이나 상장(IPO)을 기대할 만한 성과를 내고 있어서, 조만간에 이 '습관성 창업 증후군'을 극복하고 진정한 연속 창업자(Serial Entrepreneur)로 거듭나게 될 것 같은 기분이 드는 요즘이다.

1.2 나에게 창업이란?

요즘 창업이란 말은 "스타트업을 시작해서 키워내는 것"을 말하는 데 주로 쓰이지만, 옛날에도 창업(創業)이란 말을 써왔다. 바로 새로운 나라를 여는 것을 건국(建國) 또는 창업(創業)이라고 했다. 단군은 조선을 창업하고, 추모(주몽)는 고구려를 창업하고, 왕건은 고려를 창업하고, 이성계는 조선을 창업하고 건국했다. 이렇듯이 창업은 그 전 세대의 문명과 기술, 그리고 개국자들과 구성원(국민)들이 함께 새로운 뜻을 세워 시작하기 마련인데, 우리가 요즘 말하는 회사, 스타트업의 창업과 많은 부분이 유사하다. 이러한 창업의 정의는 나만의 의견은 아니다. 네이버에 '창업'의 뜻을 검색해 보면, "1. 나라를 처음으로 세우는 것, 2. 사업(事業)을 처음으로 시작하는 것"으로 검색이 된다.

이렇듯 내가 생각하는 창업이란 국가의 설립과 마찬가지로, '설립자(Founder)'의 차별화된 기술과 경험, 그리고 철학을 밑바탕으로 하여 '새로 국가를 창업하듯이' 서비스와 제품을 만들어 세상에 내어 놓는 것이다. 아무리 작은 창업이라도 모든 창업은 크건 작건 나라를 세우는 것과 같이 위대하다고도 할 수 있다. 설립자들이 뜻을 모아 험난하지만 위대한 일(業)

을 열어(創) 함께한다는 부분에서 창업(創業)은 실로 위대하고 설레는 일이 아닐 수 없다.

하지만 이런 창업의 여정에는 수많은 위험이 도사리고 있다. 호기롭게 사업을 시작했다가 창업자의 경험 부족이나 실수 또는 시장 상황의 변화 등으로 인해서 창업자 본인뿐만 아니라 가족과 주변 사람들 모두가 재정적으로 어려워지고, 좋았던 관계마저 틀어지면서 결국 모든 일들이 나락으로 떨어져 엄청난 스트레스와 함께 인생 전체를 위협할 정도로 불행해지는 경우가 비일비재하다. 특히 창업을 했다가 인생 자체가 위협받는 사례들은 주변에서 어렵지 않게 찾아볼 수 있다. 일례로 최근 코로나19로 인해 많은 소상공인들이 생사의 갈림길에서 괴로워하는 모습을 볼 때면, 나 또한 창업에 대한 설레는 마음은 어느덧 두려움으로 바뀌어 사업을 선뜻 시작하기 어려운 것 또한 사실이다. 바로 창업을 가볍게 이야기할 수 없는 이유도 여기에 있다.

하지만 누군가 나에게 창업이 무엇이며 왜 이렇게 창업을 계속해 오는 것인가를 물어본다면, 나에게 창업은 "불확실하고 위험하지만 내가 살아있음을 느끼게 하고 나의 세포 하나하나를 깨우는 위대한 도전이며 나의 인생에서 죽기 전에 이루고 싶은, 너무나 힘들지만 언젠가는 잘 해낼 수 있을 것만 같은 뿌리칠 수 없는 유혹이나 꿈"이라고 이야기하고 싶다. 여러분은 '창업'을 이야기할 때 어떤 생각이 드는지 궁금하다. 적어도 지금 이 책을 읽고 있는 당신이라면 나와 비슷한 생각을 하고 있지 않을까?

1.3 나의 첫 창업 이야기

친한 친구가 농담 반 진담 반으로 '습관성 창업 증후군 환자'라는 별명을 지어 주었던 나의 20대에, 앞서 잠깐 언급했듯이 '습관성 창업 증후군 환자'답게 대학원을 창업의 성지인 실리콘밸리에 위치한 스탠퍼드로 진학하였다. 스탠퍼드 유학생활 중 많은 대학원생들이 몇 년씩 밤을 세워가며 완성한 대부분의 연구가 논문으로만 출판되거나 간혹 특허로 등록이 된다 해도 기술사업화를 이루지 못하고 끝나게 되는 경우를 너무나 많이 보았으며, 이러한 것들이 너무나 아쉬웠다.

그 당시 나는 박사과정 연구 주제로 인체가 어떻게 소리를 듣는지를 과학적으로 규명하기 위해서, 달팽이관을 수학과 역학을 통해 모델링하는 연구를 하고 있었다. 의미 있는 연구 결과가 나오면, 지도교수님을 찾아가 우리가 지금 이렇게 밤을 세워가며 몇 년간 피땀 흘려 나온 연구 결과를 어떻게 사업화할 수 있는지에 대해서 여쭈어보고는 했다. 그럴 때면 지도교수님은 "자연의 신비로움을 연구하는 게 우리 연구의 목적"이라고 단호하게 말씀하셨고, 나는 지도교수님께 우리가 인간 달팽이관의 수학 모델을 성공적으로 만들었으니, 이를 로봇용 생체 모사 마이크로 폰이나 새로운 보청기 또는 돌고래 청각기관을 모사한 슈퍼 이어를 개발해 보자고 제안을 했었다. 하지만 평생을 달팽이관을 연구해 오시고 세계적으로도 명망이 있었던 지도교수님은 기술사업화에는 별로 관심이 없으셨는지, 더 완벽한 달팽이관 모델을 만들어 보자고 하셨다. 그럴 때면 나는 "진정한 학자의 길이란 사업과는 먼 이상을 추구하는 것인가?" 하며 혼자 아쉬움을 달래곤 했다. 그러면서도 나의 기술사업화에 대한 꿈은 계속되었는데, 그 당시 나는 "어떻게 해서라도 나의 달팽이관 연구를 꼭 사업화해야겠다"는 생각을 끊임없이 했던 기억이 있다.

대학원 졸업 후 계획했던 벤처캐피탈이나 금융인이 아닌 교수의 길을 걷게 되었고, 이제 교수가 되었으니 "기술사업화에 성공을 하여, 그 후에 다른 연구자들의 기술을 사업화할 수 있게 도와주는 일을 하자"는 것이 나름의 계획이 되었다. 그래서 대학원 졸업과 동시에 주위의 동료들과 기술사업화를 시작하는 것에 중점을 두었고, 최대한 몸으로 직접 경험해 가며 기술사업화 프로세스를 하나씩 배워 나갔다. 이때부터 여러 번의 창업을 하게 되었고 또한 많은 실패를 하였으며, 아직도 포기하지 않고 끊임없이 도전을 하고 있다.

잠깐 앞에서 소개했듯이 내가 시작했던 첫 사업은 달팽이관 연구를 응용한 사업이 아닌, 건물의 가전기기들의 사용을 최적화하여 에너지 소비량을 줄이는 솔루션 사업(Building Energy Management System: BEMS)이었다. 뜻을 함께하는 세 명의 동료와 함께 2009년 한국에서 나의 첫 법인 회사인 G사를 설립했다. 돌이켜 보면, 처음 시작하는 법인사업이라 많은 실수를 했고 결국 5년간의 사업 운영 후에 사업을 정리하게 되었는데, 이때 책에서는 배울 수 없었던 실제 창업에 대한 많은 것들을 너무도 절실하게 배울 수 있었다. 그 후에도 계속 창업을 해왔으며, 또한 많은 실패를 했다. 계속해서 사업이 실패하는 동안 그래도 이제는 진행해 오던 한두 개의 사업이 성공을 눈앞에 두고 있다.

여태껏 교수라는 직업과 사업을 병행하다 보니 사실상 "파트너와 사업을 함께 시작했지만, 실제 사업은 초기에 함께 시작한 동업자가 키워 왔으며, 나는 사업 파트너와 함께 회사의 생존과 성장을 도와주었다"는 것이 더 정확한 표현일 것이다. 창업을 하고 회사를 키우는 일이 얼마나 힘들고 어려운 일인지를 알고 있기에, 나는 사업에 모든 것을 올인하고 모든 것을 바쳐가며 오늘도 회사의 생존을 위해 온 힘을 다하는 세상의 모든 대표님들을 진심으로 존경한다.

"교수가 무슨 사업이냐" 하는 이야기도 많이 들었다. 하지만 이제 카이스트도 '1실험실 1창업'을 목표로 할 정도로, 카이스트 학생이나 교수들이 진행해 온 연구를 기반으로 기술사업화하는 사례들이 늘어나면서, 교수가 사업을 하는 일들이 예전보다 자연스러운 일이 되어 가고 있다. 내가 스탠퍼드에서 유학하면서 미국의 교수나 학생들이 창업하는 모습이 신기하기도 하고 매우 부러웠었는데, 드디어 한국의 상아탑에서도 창업의 바람이 불기 시작했다.

1.4 내가 경험한 대한민국의 창업 지원 환경

스탠퍼드 유학 경험은 내 인생의 전환점이자 새로운 단계로 나아가는 티핑 포인트(Tipping Point)였다. 전 세계에서 최고의 학생들이 모여서 함께 공부하고 경쟁하고 연구하면서, 남들이 하고 싶어 하지만 할 수 없는 연구들을 경험하기 시작했다. 스탠퍼드 기계과의 석사과정 수업 중에는 그동안 배운 공학 지식들을 응용하여 실제 제품개발에 적용해 보는 실전 수업들이 많았다. 예를 들자면, 애플, BMW, Jonson & Jonson 등 세계적인 기업들의 난제 프로젝트를 학교 수업에서 기업 관계자들과 함께 프로젝트로서 수행해 볼 수 있었다.

또한 자주 있는 일은 아니지만, 함께 수업을 듣고 있던 친구들 중 학업을 포기하고 스타트업을 시작하는 친구들도 있었다. 상상으로만 생각해 왔던 기술사업화가 실제로 학교에서 이루어지고 있었고, 주변 친구들은 회사를 세우고 새로운 제품을 만들어 내고 있었다. 이런 일들을 직접 곁에서 보고 경험한다는 것은 "창업에 대한 일들을 주변인으로부터 전해 듣는 것"과는 차원이 다른 새로운 자극이었다. 대략 이때부터였는데, 나는 다른 사람들이 개발하기 힘든 기술을 고도화해서 사업화하는 것을 인생의 단기 목표로 설정했다.

8년간의 미국 유학생활을 마치고 싱가포르 난양공과대학교(Nanyang Technological University)에서 약 9년간의 교수생활을 한 후에 2018년 8월, 한국과학기술원(카이스트)으로 직장을 옮겼다. 카이스트로 옮긴 데에는 여러 가지 이유가 있었지만, 그동안 학교 연구실에서 연구해 왔던 기술들을 사업화할 때는 모국인 한국에서 하고 싶었다. 그리고 운 좋게도 기술 고도화와 사업화를 가장 잘 지원해 줄 수 있는 카이스트에 임용되어 현재는 그동안 쌓아온 기술의 사업화에 총력을 기울이고 있다. 이러한 연유로 한국에 와서 여러 창업 지원 프로그램에 지원하여 많은 도움을 받았는데, 이러한 한국의 창업 지원 프로그램은 세계적인 창업의 성지로 알려져 있는 실리콘밸리나 싱가포르의 창업 지원 프로그램에 비교해 보아도(나는 스탠퍼드 대학원 시절과 난양공과대학 교수직으로 근무할 때도 기술 창업에 적극적으로 참여해 왔기 때문에, 각국의 직접 창업 지원 프로그램을 다방면으로 체험해 보았다) 전혀 뒤처지지 않고 오히려 더 많은 장점이 있음을 알게 되었다.

실로 한국이 선진국을 넘어 강대국으로 나아갈 길은 창업뿐이라는 것을 체감하고 있는 요즘이다. 카이스트 내부에서도 이광형 총장님의 '1실험실 1창업'이라는 캐치프레이즈에 힘입어 기술사업화 열풍이 불고 있고, 교원과 학생 창업에 많은 지원이 있다. 하지만 이는 카이스트 내부 구성원을 대상으로 기술사업화를 지원해 주는 것이라 일반적인 창업 지원 프로그램이라고 소개할 수는 없지만, 대학에서 이렇게 교원과 학생의 기술사업화를 체계적이고 적극적으로 지원해 주는 대학은 세계에서도 손꼽히는 정도이다.

위의 카이스트 교원과 학생을 위한 창업 지원과는 별개로, 모든 국민에게 기회가 열려 있는 지자체 및 정부에서 진행하는 초기 창업 지원 프로그램이 있다. 그중에 가장 큰 규모로 진행되고 있는 것은 중소벤처기업부 산하 창업진흥원에서 운영하는 '예비창업패키지', '초기창업패키지', '창업도약패키지', 'TIPS(Tech Incubator Program for Startup)'가 대표적인 창업 지원 프로그램이다.

예비창업패키지 사업은 회사 설립 전에 사업 아이디어의 검증, 즉 POC(Proof of Concept, 사업 개념 증명) 지원 사업인데, 아직 회사를 설립하지 않은 예비 창업자 및 팀에게 지원하는 초기 사업 지원비이며, 예비창업패키지 프로그램의 선정팀은 프로그램 수행기간 안에 회사를 설립해야 한다. 예비창업패키지 사업을 통해 회사 설립과 POC를 성공적으로 마쳐서 제품의 사업성을 검증했으면, 다음 단계인 초기창업패키지 프로그램의 지원을 받을 수 있다.

예비창업패키지와 초기창업패키지 프로그램은 매년 4~5월에 공고 및 선정되며 전국 단위로 진행되는 대규모 초기 창업 지원 사업이다. 이렇게 초기창업패키지 프로그램을 수행한 기업은 기업의 매출 신장, 신규 고용 인원, 투자 유치 규모 등의 평가를 거치게 되는데, 여기서 우수 기업으로 선정이 되면, 그 다음 단계인 창업도약패키지 등의 지원을 받을 수 있게 된다. 창업도약패키지는 도약 단계(창업 3년~7년차)에 있는 창업기업의 생존이 어려운 시기, 즉 죽음의 계곡(Death Valley)을 잘 극복할 수 있도록 지원해 주는 사업이다. 창업도약패키지를 통해 창업기업은 사업 모델을 혁신하고, 제품/서비스 고도화에 필요한 사업화 자금(2023년 현재 최대 3억 원)을 지원받을 수 있으며, 별도의 다양한 프로그램을 통해 완만한 시장 진입이 가능한 기초 체력을 기를 수 있게 된다.

또한 예비/초기 창업패키지와 창업도약패키지 지원사업의 과정 중에 기술 기반 스타트업들은 TIPS 운영사와 함께 사업 초기 매칭 펀드를 받을 수 있는 기회도 있다. 이렇게 예비창업패키지부터 초기창업패키지, 창업도약패키지, TIPS까지 모두 지원받게 되면, 지원금액은 사업 모델에 따라 다르겠지만, 사업 초기에 10～20%의 지분을 투자자에게 내어주고(TIPS 신청 시에만 TIPS 운영사에게 지분투자를 받는다) 10억에서 15억 원 정도의 초기 창업 지원비를 받을 수 있다.

이 외에도 기술보증기금의 '유테크벨리 사업', 신용보증기금의 '퍼스트펭귄형 창업기업 보증' 등 많은 사업 지원 프로그램이 있다. 이렇게 초기 사업에 많은 지원을 하는 나라는 전 세계적으로도 그렇게 많지 않다. 꿈과 뜻이 있다면 창업의 길을 열어주고 지원해 주는 대한민국은 창업에 진심인 국가라고 할 수 있다.

2장 고전에서 창업을 배우다

2.1 중용(中庸)

2.2 도덕경(道德經): 도(道)를 아십니까?

2.3 손정의 회장의 제곱법칙: 손자병법(孫子兵法)과 창업

02 고전에서 창업을 배우다

2.1 중용(中庸)

2.1.1 영화 〈역린〉의 대사: 중용 23장 치곡장

공자(孔子)의 손자인 자사(子思)가 할아버지의 가르침을 정리한 것이 〈중용(中庸)〉이라고 알려져 있다. 이 중용에는 인생을 살아가는 데 있어서 마음에 새길 구절들이 너무나 많지만, 요즘처럼 정신없이 살아가는 디지털 시대에 선현의 깨달음을 이해하고 체득하여 실천하기는 매우 어려운 일이다. 중용의 많은 구절 중에 특히 사업을 하면서 여러 실패를 통해 깨달은 바와 연결되는 구절이 있어서 소개하고자 한다. 영화 〈역린〉의 대사 중에도 나온 구절인데, 중용 23장 치곡장(致曲章)이다.

其次는 致曲 曲能有誠이니, 誠則形하고, 形則著하고, 著則明하고, 明則動하고, 動則變하고 變則化니, 唯天下至誠이아 爲能化니라.

위의 중용 23장의 한자를 풀어보면 다음과 같다.

「작은 일도 무시하지 않고 최선을 다해야 한다. 작은 일에도 최선을 다하면 정성스럽게 된다.
정성스럽게 되면 겉에 배어 나오고, 겉에 배어 나오면 겉으로 드러나고, 겉으로 드러나면 이내 밝아지고, 밝아지면 남을 감동시키고, 남을 감동시키면 이내 변하게 되고, 변하면 생육된다.
그러니, 오직 세상에서 지극히 정성을 다하는 사람만이 나와 세상을 변하게 할 수 있는 것이다.」

우리의 삶을 살아가는 데에도 너무나 필요한 구절이지만, 사업을 하는 데 있어서 "작은 일도 무시하지 않고 최선을 다해야" 하는 이유이기도 하다. 나는 세상에 조금이라도 도움이 되고자 사업을 꿈꾸고 시작했다. 세상을 변하게 하는 그 첫 번째 단계는 "작은 일부터 최선을 다하는 것"이라고 옛 선현들도 말하고 있다. 지금도 나는 어렵지만 이 중용 23장인 치곡장을 실천해 보려고 부단히 노력하고 있다.

2.1.2 중용의 첫 구절, 천명지위성(天命之謂性): 창업가는 하늘이 내린다?

중용 1장의 맨 처음에 나오는 구절이 천명지위성(天命之謂性)이다. 이 구절 역시 이해하기는 어렵지만, 나는 이를 "인간의 본성은 하늘에서 내려준다. 즉 하늘의 명이다"로 이해하고 있다. 내게는 이 구절이 창업을 하고 싶어 하는 사람은 하늘이 내린다라는 뜻으로 해석되기도 한다. 이 책을 함께하고 있는 독자분들도 나와 같이 '습관성 창업 증후군'의 성정(性情)을 태어날 때부터 하늘(天)로부터 명(命) 받았을 것 같다(天命)는 재미있는 상상을 해본다.

그렇다면 창업가의 성정(性情)은 무엇일까? 여러 가지 성정이 있겠지만, 나는 "실패를 두려워하지 않고 계속 새로운 일을 해야 직성이 풀리는 성정"을 가진 사람이 창업가의 성정을 가진 사람이라고 생각한다. 여기서 중요한 사실은 실패를 두려워하지 말아야지, 그렇다고 실패를 외면하거나 가볍게 봐서는 안 된다. 타고난 사업가는 뼈아픈 실패를 겪고도 다시 시작하는, 그리고 실패에서 배우면서 결코 포기하지 않고 결국은 만들어 내는 사람이라고 할 수 있다. 예컨대 만일 여러분들 안에 이런 부분이 조금이라도 있다면, 일생에 한 번쯤은 십년마일검(十年摩一劍, 십년간 검 하나를 간다)의 심정으로 검 하나를 쥐고서 창업이라는 무라도 한번 베어보자!

2.1.3 중용 2장 시중(時中): 사업의 타이밍, 시장이 원하는 것이 무엇인가?

중용 2장에는 시중(時中)에 대한 이야기가 있다. 모든 일에 무리가 없는 적절한 시기가 있고 군자는 이를 잘 맞추어 일을 진행한다는 뜻으로 이해하고 있다. 영어로는 적절한 시점을 이야기하는 '타이밍'이 가장 비슷한 의미를 가지고 있을 것이다. 미국 유학 시절 스탠퍼드 MBA 수업에서 하는 창업 관련 세미나를 청강한 적이 있었는데, 실리콘밸리 벤처 투자회사의 파트너가 학생들에게 '창업을 할 때 필요한 세 가지'에 대해서 설명했던 강의 내용이 기억에 남는다.

그 투자자가 말한 사업의 세 가지 필수 요소는 ① 사업 아이템(비즈니스 모델), ② 창업 멤버 및 초기 멤버, 즉 사람, 마지막으로 ③ 회사를 운영할 때 필요한 자금(펀드), 이렇게 세 가지였다. 나 또한 직접 여러 번의 창업을 경험하면서 이 세 가지 요소가 창업의 필수 요소라는 것에 전적으로 동감하고 있다. 실제로 내가 첫 법인회사인 G사를 창업하고 운영할 때, 가장 어려웠던 부분이 바로 이 세 가지였는데, 바로 시장이 원하는 사업 아이템을 찾고, 사업을 운영할 자금을 마련하고, 회사를 함께 키울 유능한 인재를 구하는 것이었다.

첫 법인을 설립하고 10여 년이 넘은 지금은 그때에 비해, 투자금을 구하고, 시장이 원하는 사업 아이템을 찾고, 훌륭한 초기 멤버를 구하기도 수월해졌는데, 이제는 창업을 하고 사업을 성공적으로 마무리하는 데 중요한 요소가 하나 더 생겼다. 바로 시중(時中), 타이밍이다. 아무리 좋은 비즈니스 모델이라고 하더라도 시장이 원하지 않는다면 훌륭한 인재와 충분한 펀드를 가지고도 성공하기가 거의 불가능했다. 시장이 원하는 사업 아이템을 시장이 원하는 시기를 맞추어서 출시하는 것이야말로 이제는 스타트업의 생존을 가르는 필수 조건이 되었다.

그럼 이런 시장의 타이밍 또는 시장이 원하는 것을 어떻게 알 수 있을까? 현재 주력하고 있는 사업 아이템이 시기 적절한 것인지를 알기 위해 주위의 몇몇 대표님들 중에는 궁금한 마음에 점을 보시는 분들도 종종 있는데, 여기서는 점이나 주역 외에 다른 방법을 소개하려 한다. 국내외 여러 스타트업이 사용한 혁신적인 창업 방법론으로서 고객의 충족되지 않은 니즈(Unmet Needs)를 알아내는 방법이 있는데, 바로 '인간 중심 디자인 씽킹(Human Centered Design Thinking)'이다. 시장과 고객이 원하는 니즈와 그 시중(타이밍)을 알 수 있는 디자인 씽킹 방법론에 대해서는 다음 장에서 알아보도록 하자.

2.1.4 중용 1장 중절(中節): 언제 멈추는가?, 엑시트(Exit)의 기술

중용 1장에는 중절(中節)에 대한 이야기가 있다. 중절에 대한 공자의 깊은 뜻을 다 헤아릴 수는 없지만, 중절은 언제 멈춰야 하는지에 대해서 이야기하고 있다. 얼마 전 유치원 다니는 둘째 아들 녀석이 두발자전거를 막 타기 시작했다. 둘째 아들은 앞으로는 계속 가는데, 브레이크를 잡고 멈출 줄을 몰라서 몇 번이나 넘어졌다. "아들! 자전거는 앞으로 무작정 가는 것보다 어떻게 스톱하는지가 더 어려운 거고, 그걸 마스터해야 두발자전거를 즐길 수 있단다"라고 이야기하면서, "인생이나 창업 또한 시작하고 계속해 앞으로 나아가는 것보다 언제 멈추이야 하는지가 얼마나 중요하고 어려운가"를 다시 한번 되돌아보게 되었다.

나 또한 스케이트, 스노보드를 즐겨 해왔는데, 스피드가 제맛인 스케이트나 스노보드를 안전하게 제대로 즐기기 위해서는 얼마나 브레이크를 내 마음대로 잘 잡을 수 있는지, 멋있게 브레이크를 잡는지가 제일 중요한 기술이었다.

사업 또한 마찬가지로 창업을 하고, 사람과 펀드를 모으고, 회사를 키워가는 것도 매우 어려운 일이지만, 언제 어떻게 '엑시트(Exit)'를 해야 하는지 또한 어려운 일이다. 창업을 시작했다면 가끔은 깊게 생각해 봐야 한다. 어떻게 그리고 얼마나 성공적으로 엑시트할 것인가를.

이런 생각은 창업 후 엑시트를 해보게 된다면, 다시 창업을 할 때는 당연히 계획을 하겠지만, 창업자의 극소수만이 엑시트를 경험할 수 있다고 하니, 언제 멈추어야 하는지를 계획해 보는 것은 우리와 같은 초보 창업자들에게는 여간 어려운 일이 아니다.

창업의 엑시트는 비극적인 결말인 사업이 망하거나 해피엔딩인 인수합병(M&A)이나 상장(IPO)을 통해 가능한데, 이러한 사업의 엑시트 전략은 시장 상황, 지분구조, 매출 등 많은 요소들에 따라 매우 다양할 수밖에 없다. 그래서 나는 보통 각 투자 라운드인 Seed, Pre-Series A, Series A, Series B와 Series C(이에 대해서는 뒤에서 설명하겠다.)에서 만나게 되는 개인투자자나 벤처캐피탈 또는 사모펀드 등의 파트너분들께 엑시트 전략에 관해서 여쭈어보곤 한다.

회사의 엑시트 상황은 경제 상황과 투자시장의 상황에 따라 수시로 변하고, 이 외에도 고려해야 할 변수들이 너무나 많이 있어서, CEO나 설립자(Founder)들만이 엑시트 전략을 준비하는 데는 분명한 한계가 있다. 엑시트를 계획하고 있는 시점에서 엑시트에 대해 누구보다도 많이 경험해 본 사람들은 투자자 또는 투자회사이기 때문에 많은 경우 엑시트 전략은 이러한 엑시트 전문가들의 자문을 바탕으로 진행하게 된다.

2.2 도덕경(道德經): 도(道)를 아십니까?

1990년대 중반, 서울 신림역 길거리(道)에서 처음 보는 남자분과 여자분이 은근슬쩍 다가와서 내 머리 위에서 환한 빛이 난다고 했다. 그러고는 조상님의 은덕과 내 사주와 관상에 대해서 간단히 이야기하더니 갑자기 나에게 물어왔다. "혹시 도(道)를 아십니까?"

이러한 일들은 또래의 친구들에게도 흔히 있던 일이었는데, 나 또한 그 당시 일년에 서너 번은 도를 찾는 구도자들과 만나서 잘 알지도 못하는 도에 대해서 이야기를 나누었던 기억이 있다. 그 당시 20대 초반이었던 나는 사주라든가 명리학 등 이러한 방면에 호기심이 많았던 터라, 생전 처음 보는 구도자들을 따라가서 뵌 적도 없는 조상님들의 식사값을 드리고 오곤 했다. 몇 번 이런 일이 있고서 알게 된 것은 그 구도자들도 딱히 '도(道)'에 대해서 잘 모른다는 것이다. 그리고 여러 번 비슷한 일을 겪다 보니 뭔가 사기를 당한 것 같은 기분도 들고 해서 그 후로는 더 이상 도에 대해서 더 알려고 하지 않았다.

그 후 20년 세월이 훌쩍 지나서 최근에 지인들과 고전 공부를 시작하게 되었는데, 고전 공부를 하던 중 〈도덕경(道德經)〉을 자연스레 접하게 되었고, 20대 초반에 길거리에서 만났던 도(道)를 다시 접하게 되었다. 나중에 알고 보니, 알리바바 창업자로 잘 알려진 마윈 회장과 트위터 창업자인 잭 도시 또한 도덕경을 기반으로 회사를 운영했다고 한다. 특히 마윈 회장은 어디를 가든 도덕경을 옆에 두고 수시로 읽으면서 창업 철학을 되새기고, 회사 운영 방안에 대한 해법을 도덕경에서 찾았다고 한다. 이들뿐만 아니라 삼성의 이건희 회장, 소프트뱅크의 손정의 회장, IBM과 애플 등 글로벌 기업의 CEO는 노자의 사상인 도덕경을 바탕에 두고 경영을 해왔다고 알려져 있다. 왜 이렇게 글로벌 대기업 총수와 많은 경영자들은 도덕경을 곁에 두고 그들의 지침서로 삼았을까? 도덕경은 춘추전국시대의 도(道)와 덕(德)에 대한 철학서이다. 아마도 춘추전국시대의 많은 통치자들이 도덕경을 기반으로 하여 국가 경영 이념을 수립하고 통치하였기에, 우리 시대의 CEO나 창업자들 또한 도덕경에서 회사 경영 철학을 배우고 회사 운영에 적용하고 있는 것이리라.

그렇다면 우리도 도덕경의 어떤 지점이 창업과 경영의 뿌리, 즉 근간 철학을 이루는지 함께 알아보자. 자, 여러분이 이제 도덕경을 맞이할 준비가 되었다면, 이 질문으로 시작해 보자. "여러분, 도(道)를 아십니까?"

도(道)는 직역하자면 '길'이다. 내 인생의 길, 즉 내가 가고자 하는 목적지까지 이미 뻗어 있는 길일 수도 있고, 내가 걸어온 발자취일 수도 있다. 3장 디자인 씽킹 절에서 다시 다룰 내용이지만, 최종 제품을 만들기 위해 설계하고 준비하는 '프로세스'이기도 하다. 최종 제품을 구현하는 방법(프로세스)은 이론상 무한대의 경우의 수가 있다. 이와 같이 지금 내가 있는 곳에서 최종 목적지에 도달하는 '길', '방법' 또는 '프로세스'는 무한히 많아서 정의할 수 없다. 이것이 도덕경 첫 구절인 "도가도 비상도, 명가명 비상명"에서의 도(道), 즉 길을 정의하는 의미와 일맥상통한다고 할 수 있다.

도덕경의 첫 구절은 아래와 같다.

도가도 비상도(道可道 非常道)
명가명 비상명(名可名 非常名)

「도라 말할 수 있는 도는 영원한 도가 아니고
이름 붙일 수 있는 이름은 영원한 이름이 아니다.」

이게 무슨 의미인가? 첫 구절부터 우리를 가볍게 안드로메다로 보내버리는 노자(老子)이시다. 중용도 그렇고 도덕경도 그렇고, 첫 구절부터 우리같이 평범한 학생의 학습 의욕을 저하시키는 어려운 구절로 시작하다 보니, 동양 고전을 공부하기기는 정말 쉽지 않다.

노자가 활동하던 사회상을 보면 이 도덕경의 첫 구절을 조금 더 이해할 수 있지 않을까? 노자는 춘추전국시대의 사상가인데, 그때는 수많은 정치 세력들과 이를 뒷받침하는 철학자와 사상가들이 넘쳐났던 시절이다. 그 당시 많은 철학자들과 사상가들은 저마다의 생각을 세상에 내놓고 인정받고 대중 앞에 나서는 데 큰 의미를 두었는데, 노자는 이러한 현상을 보고서, 그 당시 사상가들이 저마다 말하는 사회 또는 국가가 나아가야 할 길(道)과 방법에 대해 이야기하는 것이 얼마나 무지몽매한 것인가를 "도가도 비상도, 명가명 비상명"을 통해서 이야기한 것일 수도 있다.

이러한 "도가도 비상도, 명가명 비상명"에 대한 나의 해석은 노자 도덕경의 핵심 키워드인 무위자연(無爲自然)이나 상선약수(上善若水)와 같이 대자연 또는 물과 같이 최고의 선 또는 가치는 "그 알려짐에 신경 쓰지 않지만 자체로서 변화무쌍하며 소리없이 진화하는 것"과 일맥상통하기도 한다.

결국 나는 도덕경 첫 구절인 "도가도 비상도, 명가명 비상명"을 "도라는 것은 삼라만상이 자연스럽게 흘러가며 변화해 가는 이치이며, 어떤 지점에 머물지 않고 계속 변하기 때문에, 이러한 도에 대한 절대적 정의는 없다"라고 해석했다. 이렇게 변화에 대한 자연의 이치를 역(易)이라고 한다. 역에는 두 가지 의미가 있는데, 첫 번째는 "바뀐다"이고, 두 번째 의미는 "쉽다"라는 의미이다. 두 의미를 합쳐서 내 마음대로 해석해 본다면, "세상의 도리와 현상은 역동적으로 바뀌며 사계절, 춘하추동이 바뀌듯이 그 과정은 자연스럽고 쉽게 바뀐다"는 의미일 것이다.

여기서 나는 도덕경과 사업의 연결고리를 생각해 보았는데, 창업을 하는 과정과 사업을 일구고 키워내는 과정 또한 춘하추동의 사이클과 같이 변화한다는 것이고, 사업은 변하지 않는 사물이 아니라 살아있는 생명체나 자연과 같이 변화무쌍하다는 것이다. 이렇게 변화무쌍한 "창업을 한마디로 말하고 정의하는 것은 더 이상 창업이 아니다"라고 "도가도 비상도, 명가명 비상명"에 빗대어 이야기하고 싶다.

창업을 진행하면서 그야말로 예상치 못하는 상황들을 끊임없이 경험하게 되는데, 그 상황을 어떻게 풀어가는가에 따라 사업의 성패가 조금씩 갈리게 된다. 여러 번 실패와 성공의 경험이 축적되면 이러한 상황의 변화(역, 易)의 징조를 알아차리고, 좀 더 높은 확률로 자연스럽게 해결될 수 있게 대응할 수 있게 된다. 이는 마치 더 많은 데이터가 쌓이면 인공지능의 성능이 좋아지듯이 또는 번뇌와 경험, 극도의 고뇌를 통해 도를 깨우치는 도인이 되어가는 과정과 비슷하다고 할 수 있다. 자, 이렇게 변화무쌍한 사업의 길(道)에서 결국에는 승리하는 창업자가 되기 위해 계속 실패하고 더 실패하자. 이 작은 실패들이 축적되어 결국에는 나의 길에 거름이 되어서 성공한 창업자가 될 수 있을 것이다.

2.2.1 상선약수(上善若水) 1: 최고의 선은 물과 같다

노자는 인생을 살다가 문제가 생기면 가만히 물가에 앉아서 강물을 바라보라고 했다. 그 시절에도 '물멍'이 있었나 보다. 물론 하염없이 조용히 흘러가는 강물을 보면 서럽고 힘들었던 감정이 잔잔해질 수도 있겠으나, 도덕경 8장에 있는 상선약수(上善若水)의 의미를 알고 물을 바라본다면, 같은 강물이지만 또 다른 차원의 위로를 받을 수도 있을 것이다.

노자의 도덕경 8장에 나오는 내용은 다음과 같다.

상선약수(上善若水) 수선리만물이부쟁(水善利萬物而不爭) 처중인지소오(處衆人之所惡) 고기어도(故幾於道) 거선지(居善地) 심선연(心善淵) 여선인(與善仁) 언선신(言善信) 정선치(正善治) 사선능(事善能) 동선시(動善時) 부유부쟁(夫唯不爭) 고무우(故無尤)

「가장 좋은 것, 또는 선은 물과 같다. 물은 온갖 것을 이롭게 하면서도 다투지 않고, 물은 모든 사람이 싫어하는 낮은 곳에 머문다. 그러므로 물은 도에 가깝다. 머물 때는 물처럼 땅을 좋게 하고, 마음을 쓸 때는 연못처럼 그윽하게 하고, 사람을 사귈 때는 물처럼 어질게 하며, 말할 때는 물처럼 믿음을 가지고 하고, 다스릴 때는 물처럼 바르게 하고, 일할 때는 물 흐르듯이 능하게 하고, 움직일 때는 물처럼 때를 좋게 하라. 그저 오로지 다투지 아니하니 물은 허물이 없다.」

음양오행의 오행에는 자연이 변화되는 단계 또는 자연의 성질이 있는데, 이를 목화토금수(木火土金水)라고 한다. 도덕경에서 말하는 수(水) 또한 오행에서 말하는 수(水)이다. 옛 선현들은 어떤 일의 성질이나 현상을 설명하는 데 있어 이렇게 다섯 가지로 나누었는데, 이 다섯 가지 성질 중 최고의 선은 수(水)라는 것이다. 예를 들어 우리가 일을 하거나 사업을 진행할 때에 나무와 같이 변화를 적게 하고 뿌리를 튼튼히 내려 천천히 뻗어가는 목(木)의 방법이 있고, 불과 같이 무서운 기세로 나아가는 화(火)의 방법이 있고, 흙과 같이 드러나지 않게 오랜 시간 기본을 다지는 토(土)의 방법과 금속과 같이 차갑고 냉철하게 하나하나 챙겨가며 만들어 가는 금(金)의 방법이 있다. 노자는 그중에 가장 최고의 방법은 수(水)라고 하면서, 왜 물을 닮은 수(水)의 방법이 최고의 통치 방법인지를 자세히 설명해 주었다.

사업은 8할이 사람과 함께 만들어 가는 것이라 해도 지나치지 않다. 창업 초기에는 창업자들이 모여서 회사를 만들고, 초기 멤버들을 영입해서 함께 사업이라는 험난한 길(道)을 헤쳐 나가게 된다. 사람, 동업자 또는 초기 멤버들과 만나고 헤어짐을 반복하면서 한 걸음 한 걸음 나아가는 것이

사업의 길이다. 이렇게 수많은 사람과의 관계 속에서 회사를 경영해 나가는 과정에 있어서 도덕경의 상선약수(上善若水)를 예전에 알았더라면 그동안 실패로 힘들었던 지점에서 물 흐르듯이 더 자연스럽게 흘려보낼 수 있었으리라.

수선이만물이부쟁(水善利萬物而不爭) 처중인지소오(處衆人之所惡) 고기어도(故幾於道)

「물은 온갖 것을 이롭게 하면서도 다투지 않고, 물은 모든 사람이 싫어하는 낮은 곳에 머문다. 따라서 물은 도와 가깝다.」

물은 다툼이 없다고 한다. 물은 왜 다툼이 없을까? 세상만사 모든 것들이 조금이라도 높은 곳을 차지하기 위해서 다투고 있을 때, 물은 욕심을 비우고 홀로 낮은 곳에 머무니 다툼이 없다. 물은 이렇게 겸손(謙遜)하다. 사업을 진행하다 보면 눈앞에 보이는 투자, 매출 확대, 상장 가능성 등 욕심을 불러일으키는 순간들이 생겨나는데, 이때 많은 경우에 동업자들끼리 서로의 지분을 강탈하려고 온갖 험담과 뒷조사를 하면서 동업자를 밀쳐내며 소송까지 하게 되는 경우가 있다. 이는 결국 욕심 때문이다. 서로의 공과 실을 따지면서 욕심을 부리게 되어, 결국 좋지 않은 결말로 사업의 막을 내리는 경우가 실제로 많이 일어나고 있다.

이러한 일들은 특히, 대규모 투자 유치 또는 M&A나 상장을 통한 엑시트(Exit) 가능성이 높아지거나 할 때, 즉 사업이 잘될 것 같은 기미가 보일 때 많이 일어나는데, 회사의 대주주나 창업주는 이러한 상황에서 물과 같이 낮은 곳에 머물러 다툼이 없게 이성적으로 해결을 해야 이런 고비를 넘길 수 있다. 물론 동업자가 상도를 넘어 본인을 궁지에 몰아서(이사회나 주주총회를 통해) 지분을 터무니없이 낮게 조정하거나 회사에서 퇴출시키려 한다면, 맞추어서 양보하기보다 법적인 절차를 통해서 지혜롭게 헤쳐가야 한다. 이를 위해 사업을 시작하고 사람을 영입할 때 계약서를 미리 써야 하고 베스팅(Vesting) 조항들을 넣어서, 이러한 불미스러운 일들이 생겼을 때 회사에 큰 피해가 가지 않도록 미리 조치를 취해 놓아야 한다(부록 3의 동업자 간 계약서 참고).

2.2.2 상선약수(上善若水) 2: 흐르는 강물처럼

막 고등학교에 진학했을 때, 지금도 여전히 멋있는 브래드 피트 주연의 〈흐르는 강물처럼〉이라는 영화를 보았다. 한 번도 본 적이 없는 대자연 속 어느 깊은 계곡의 강물에서 브래드 피트가 멋지게 낚싯줄을 던졌다. 미국 몬태나주 옐로우스톤의 풍경이었다. 반짝이는 강물 위로 양탄자처럼 부드럽게 날아가는 브래드 피트의 낚싯줄을 아직도 잊을 수가 없다. 그때 내가 접한 낚시가 바로 '플라잉 낚시'였다. 〈흐르는 강물처럼〉의 영향이었는지 2000년 초반, 본인이 직접 만드는 '인조 미끼'로 브래드 피트처럼 강가에서 플라잉 낚시를 즐기는 사람들이 늘어났다. 나 또한 장비를 구해서 친구들과 서울 근교의 계곡에 낚싯줄을 던졌다. 상상 속에 이미 나는 경기도의 작은 계곡이 아닌 옐로우스톤의 이름 모를 계곡에 와 있었다. 그날 비록 고기 한 마리 잡지 못했지만, 강물에 몸을 반쯤 담그고 강물과 함께 흘러가는 낚싯줄을 물끄러미 바라보았고, 그렇게 몇 시간을 보냈다. 가끔은 강한 물살에 넘어져 물살과 함께 살짝 떠내려간 위험했던 순간도 있었지만 너

그림 2-1 | 1992년 로버트 레드포드 감독의 영화 〈흐르는 강물처럼〉의 한 장면

무나 행복했었다. 그때 강물의 한없는 유연함과 부드러움을, 그리고 그 이면에 물이 가지고 있는 불가항력의 힘을 느꼈었다.

거선지(居善地) 심선연(心善淵) 여선인(與善仁) 언선신(言善信) 정선치(正善治) 사선능(事善能) 동선시(動善時) 부유부쟁(夫唯不爭) 고무우(故無尤)

「머물 때는 물처럼 땅을 좋게 하고, 마음을 쓸 때는 연못처럼 그윽하게 하고, 사람을 사귈 때는 물처럼 어질게 하며, 말할 때는 물처럼 믿음을 가지고 하고, 다스릴 때는 물처럼 바르게 하고, 일할 때는 물 흐르듯이 능하게 하고, 움직일 때는 물처럼 때를 좋게 하라. 그저 오로지 다투지 아니하니 물은 허물이 없다.」

이와 같이 도덕경에서 물은 흐르다 막히면 돌아가서 일을 능히 진행한다고 한다. 우리가 사업을 진행하다 보면 계획과는 다르게 회사의 서비스나 제품이 시장에서 외면받기도 한다. 이럴 때는 우리의 제품과 서비스가 훌륭하다고 고집하면서 이를 알아주지 못하는 고객을 탓할 것이 아니라, 고객이 원하는 언맷니즈(Unmet Needs)가 무엇인지 다시 한번 깊게 파악하고 이에 맞추어 제품의 기능과 서비스를 수정하는 피봇팅(Pivoting)이 필요하다. 마치 물처럼 유연하게 시장의 반응에 대응해야 살아남을 수 있다.

물과 같이 유연하게 시장의 니즈에 선제적으로 대응해서 살아남아 성공의 길로 한 걸음씩 나아가고 있는 내가 창업한 기업이 있다. 책의 서문에서 소개한 싱가포르 P사인데, P사는 현재 싱가포르와 아세안에 진출하려는 기술 기반 중소기업의 비즈니스 해외진출 아웃소싱과 플랫폼 개발 아웃소싱 원스톱 서비스를 구축하여 한국의 강소기업을 포함하여 10여 개가 넘는 글로벌 회사의 아세안 진출을 지원하고 있다. 하지만 P사가 처음부터 이러한 비즈니스 모델을 시작한 것은 아니다. 처음에는 해외 인력 양성 프로그램 운영부터 시작해서 글로벌 스타트업 박람회, 국제 IR 피치 대회 유치 등 사업 모델을 여러 번 변형시켜 왔다. 그동안 시장의 요구사항에 맞추어 여러 번의 구조조정과 인수합병을 거쳐, 뼈를 깎는 각고의 노력으로 비즈니스 모델을 바꿔가며 대처해 왔다. 지금도 P사는 시장의 요구가 무엇인지 항상 주시하고 시장의 흐름에 맞추어 흘러가는 강물처럼 비즈니스 모델을 계속 수정해 가면서 성장하고 있다.

그리고 도덕경에서 물은 끈기와 인내로 그칠 줄을 모른다고 한다. 물은 단단한 바위를 끊임없이 두드려 결국은 깎아내고야 만다. 이는 한 땀 한 땀 정성 들여 명작을 만들어 내는 대가의 모습과 같고, 중용 23장에 나오는 작은 것부터 차곡차곡 쌓아가는 치곡(致曲)의 과정과도 같다. 이렇게 실패의 시간들을 초월한 축적의 힘이야말로 "물로 바위를 깎는 것"처럼 불가능할 것만 같은 일들을 가능하게 하는 비밀인 것이다. 모든 위대한 일은 하루아침에 이루어지지 않음을 우리는 이미 잘 알고 있다. 물과 같이 낮은 자세로 모든 것을 포용하며 수많은 실패를 이겨내고 실패에서 배워 이를 경험으로 축적하자. 그리고 훗날 자신에게 이렇게 이야기해 보자. 한 방울 한 방울 바위를 깎아내는 물과 같이 묵묵히 실패에서 배우면서 내면의 내공을 축적하여 결국 한 회사를 일구어 냈다고.

나 또한 지금도 창업을 하거나 연구실을 운영할 때 노자의 상선약수(上善若水)의 지혜를 마음에 담고 물처럼 낮은 자세로 유연하게 어려움을 헤쳐 나가려고 노력하고 있다.

2.2.3 나는 자연인이다: 서핑과 무위자연(無爲自然)

이왕에 물 이야기를 시작했으니, 물과 관련된 이야기를 조금 더 해보겠다. 나의 아버님은 수영을 못하셔서 물을 무서워하신다. 그런 이유였는지, 나는 초등학교 입학과 동시에 수영을 배우게 되었다. 그렇게 몇 년 동안 수영을 하다 보니, 중학교 입학 즈음에는 전국체전을 준비하는 친구들과 함께 훈련을 할 정도로 물과 친해졌다. 그 후 대학 시절에는 동네 수영장에서 수영 강사 아르바이트를 하면서 용돈을 마련하기도 했다.

미국 유학 시절에는 룸메이트 K와 함께 서핑을 시작했다. 그 당시 한국 유학생 중에는 서핑을 하는 학생이 거의 없어서, 주로 K와 둘이서 서핑을 했다. 내가 서핑을 처음 시작한 곳은 캘리포니아주의 산타크루즈(Santa Cruz) 였는데, 서핑을 하기 위해서 K와 전날 밀물과 썰물 시간, 파도의 높이를 체크한 후, 서핑 보드를 차 지붕에 단단히 조여 메고는 280번 고속도로를 타고 남쪽으로 내달렸다. 그렇게 마운틴뷰에서 두 시간 남짓 내려가면 너무나 멋진 서핑 스팟인 산타크루즈가 나온다([그림 2-2] 참조). 그야말로 대자연의 품안으로 달려가는 여정이었다. 처음에 내 키보다도 더 큰 롱보드로 시작을 했는데, 무거운 보드를 들고 차갑고 거친 파도를 뚫고 바다로 나가서 나를 밀어줄 파도를 기다리던 순간이 아직도 생생하다. 서핑을 하면서 바다와 대자연이 만들어 내는 파도의 압도적인 힘을 온몸으로 느낄 수 있었다. 나는 서핑에 소질이 별로 없었는지 몇 시간을 기다려도 제대로 파도를 타는 일은 두세 번뿐이었다. 보통 파도는 나를 밀어주지 못하고 그냥 지나쳐 갔는데, 어쩌다 한 번 내 몸을 밀어줄 때면 몸이 공중으로 붕 떠오르면서 굉장한 힘으로 나를 세차게 해변으로 밀어주었다.

그림 2-2 | 캘리포니아주 산타크루즈의 서퍼들

파도를 타는 방법을 잠깐 설명하자면 이렇다.

① 나를 밀어줄 만한 크기의 파도가 오는지 수평선 쪽으로 몸을 틀고 계속 기다린다. 잠시라도 한눈을 팔게 된다면 파도를 놓치기 십상이다.

② 파도가 다가오면 적절한 시기에 머리를 해변으로 돌리고 보드에 누워서 죽어라 헤엄을 쳐서(이를 '패들링'이라고 한다) 파도가 나를 밀기 쉽게 초기 속도를 만들어 준다. 이때 너무 빨리 패들링을 하게 되면 힘이 빠져서 정작 파도가 나를 밀어줄 때 속도가 떨어져서 파도를 탈 수 없게 된다.

③ 파도를 잡게 되면 파도의 앞부분이 보드 뒤에서부터 나를 들어올리는데, 이때 젓 먹던 힘까지 짜내서 마지막 패들링을 한다.

④ 마지막으로 무게 중심을 너무 앞으로 두지 않고 중심을 잡아가면서 서핑 보드를 밟고서 빠르게 일어난다. 이때 욕심을 부려서 앞으로 나아가려고 하면, 무게 중심이 앞으로 쏠려서 파도와 함께 바다 밑으로 고꾸라지고 만다.

이렇게 파도를 타는 '서핑'은 우리의 인생 그리고 창업의 여정과도 유사한 부분이 많다. 먼저 내 몸무게에 맞는 파도가 무엇인지 알고 계속 기다리고 찾아야 한다. 어떤 크기의 파도가 나를 밀어줄 수 있는지는 수없이 파도타기에 실패하고 나서야 알 수 있다. 파도는 우리에게 끊임없이 다가오는 기회와 같다. 이런 기회는 우리 앞에 계속 나타나지만, 내가 탈 수 있는 기회는 정작 많지 않다. 내 상황, 나의 무게에 맞는 파도가 오는지 두 눈을 크게 뜨고 끝도 보이지 않는 수평선을 계속 지켜봐야 한다.

이렇게 나를 밀어줄 만한 원하는 파도가 나에게 오면, 적절한 시기(시중)에 맞추어서 죽을힘을 다해서 그 파도가 나를 밀어줄 수 있도록 패들링을 해야 한다. 패들링을 너무 일찍 또는 늦게 하거나 힘이 다 빠져서 원하는 만큼의 패들링을 할 수 없다면 그 파도를 탈 수 없다. 이럴 때는 잠시 몸과 마음을 가다듬고 체력을 비축하면서 다음 파도를 기다려야 한다.

이렇게 셀 수 없이 많은 실패를 하다가 결국에 한 번쯤은 파도를 타게 되는데, 그때는 중심을 잡는 일에만 집중을 하면, 파도는 상상하기도 어려운 속도로 나를 태우고 무섭게 앞으로 나아간다. 이렇게 한 번 파도를 타게 되면, 잊을 수 없는 쾌감을 다시 경험하기 위해 다시 먼 바다로 패들링해 나아가 또 다른 파도를 기다리게 된다. 나의 많은 창업 여정도 이런 파도타기의 과정과 너무나 닮아 있었다.

워낙 수영과 서핑 등 물과 함께하는 스포츠를 좋아하다 보니, TV 프로그램도 자연에서 생존하거나 오지를 여행하는 프로그램인 〈나는 자연인이다〉를 즐겨 보게 되었다. 사실, 나뿐만 아니라 많은 사람들이 자연(自然)에서 휴식과 치유를 찾고는 한다. 자연으로 돌아가고 싶은 마음은 노자 또한 마찬가지였을 것이다. 노자에게 있어서 최고의 선은 물이었고(上善若水), 그는 우리에게 인생을 살다가 고민이 생기면 물가에 가서 물을 한 번 바라보라고 추천했다. 노자는 자연과 물의 오묘한 이치를 깨우쳐, 우리가 살아가는 데 도움이 될 수 있는 방법에 대해 안내를 한다.

노자는 물과 더불어 무위자연(無爲自然)에 대해서도 이야기한다. 그는 채움(有)보다 비움(無)을 더 우위에 두었다. 만물의 본체는 없음, 즉 무(無)에서 시작한다고 했다. 이는 "암흑(無)에서 빅뱅이 일어나 우주가 생겨났다"는 현대 물리학의 빅뱅이론과도 상통한다. 아무것도 없는 처음의 상태가 있어야 세상과 우주를 담을 수 있다는 세계관이다. 가끔은 무위자연을 "아무것도 하지 않는 것"으로 해석하기도 한다. 사실 무위자연이 말하려는 뜻은 다른 곳에 있는 듯하다. 무위(無爲)하지만 이루어지지 않는 게 없고

(무위이치, 無爲而治), 다투지 않고도 승리하는 무위이화(無爲而化)의 통치술! 이것이 노자가 말하려 하는 무위(無爲)의 철학일 것이다.

노자의 무위자연을 좀 더 이해해 보기 위해서 그의 생애에 대해 간단하게 살펴보자. 알려진 바에 따르면, 어느 날 공자는 주나라 왕실의 장서고를 관리하는 책임자로 일하고 있는 노자를 찾아가 '예(禮)'에 대해 물었다고 한다. 이때 노자는 공자의 교만을 지적하면서 "그대는 세상을 구제하려는 지나친 욕망과 위선적 표정, 끝없는 야망을 버리라"고 충고했다고 한다. 이에 공자가 순순히 노자의 충고를 받아들이고 돌아가서 노자의 지혜에 탄복했다고 전해지는데, 공자가 노자의 충고를 듣고 화를 냈더라도 노자는 상선약수의 심정으로 공자와 다투지는 않았을 것이다(공자가 거구였던 이유도 있을 것이다). 이처럼 노자는 그 당시 사상가들이나 정치인들이 세상을 구제해야 한다는 목적의식을 가지고 인위적으로 무언가를 무리해서 하려고 하는 행위에 대해 비판을 한다. 생존만이 전부였던 춘추전국시대, 그 당시에는 통치자의 야망을 위해 백성들을 원하지 않는 방향으로 통제하고 다스리면서 수많은 희생자와 많은 문제들이 생겨났을 것이다. 이러한 어지러운 시대에 노자는 통치 철학으로 비움의 철학, 즉 무위자연(無爲自然)을 이야기했던 것이다.

우리가 경험이 쌓이면서 점차 조직을 이끌어 가야 하는 위치에 있게 되면, 리더로서 조직의 목표를 이루기 위해 무언가를 무리해서 하려고 하는 것이 자연스러운 일이고, 사실 이러한 방법이 행하기 쉬운 일이다. 그러나 노자는 이렇게 무리해서 일을 진행할 때 문제가 생긴다는 것을 말했던 것이다. 그래서 노자는 무언가 무리하게 시작하는 것을 하수(下手)의 방법이라 하고, 먼저 비우고 시작하는 무위자연(無爲自然)과 무위이화(無爲而化)의 통치술을 상수(上手)라 했다.

2.3 손정의 회장의 제곱법칙: 손자병법(孫子兵法)과 창업

앞서 도덕경의 "도가도 비상도"에서 보았듯이 사업을 해 가는 방식 또는 길(道)이라는 것이 "이것이다"라고 하나로 정의할 수 없기 때문에, 젊은 친구들이나 학생들에게 사업에 대해서 설명할 때면 항상 고민하고 또 조심하려고 한다. 그래서 이미 사업으로 크게 성공한 분들의 사업 철학과 창업 정신을 살펴보고 싶었다. 그러던 차에 카이스트 교수님 중 한 분이 소프트뱅크 손정의 회장의 사업 철학을 소개해 주셨는데, 매우 공감이 가고 마음에 새겨야 할 것 같이 여러분들에게도 간단하게 소개해 보려고 한다. 이미 관련된 내용이 SBS Biz의 〈세계시장을 점령한 한인 기업가, 판잣집 출신 재일교포, 글로벌 큰손 되다〉라는 CEO 탐구 프로그램에 소개되어 있기는 한데, 여기에 나의 생각을 좀 더 보태서 이야기를 풀어보려고 한다. 손정의 회장의 사업 철학은 '손의 제곱법칙'으로 알려져 있다. 제곱법칙은 총 25자의 한자로 이루어져 있는데 그중에 11자는 손정의 회장 본인이 만든 것이고, 나머지는 〈손자병법(孫子兵法)〉의 구절에서 가져온 것이라고 한다.

알려진 바와 같이 〈손자병법〉(孫子兵法, *The Art of War*)은 고대 중국 춘추전국시대의 병법서(兵法書)이다. 손자병법의 원본은 춘추시대 오나라 왕 합려(闔閭)를 섬기던 손무(孫武)가 쓴 것으로 알려져 있다. 손정의 회장뿐만 아니라 많은 사업가들은 사업을 해 나가는 데 있어서 사업 철학을 손자병법을 통해 많이 배운다고 한다. 나의 뇌피셜이지만, 손정의 회장의 성이 손씨라 혹시 손자병법에 더 애착이 가지 않았을까 하는 상상도 해본다.

소프트뱅크의 창업자 손정의 회장은 경영이나 투자를 하는 데 있어서 어려운 결정이 있을 때마다 위에서 언급한 총 25자로 되어 있는 '손의 제곱법칙'을 떠올리면서 결정했다고 한다. 손자의 병법은 말 그대로 전쟁을 치르는 방법인데, 나는 사업을 "한치 앞을 가늠하기 힘든 생존의 전장에서 치러지는 전쟁"과 유사하다고 생각한다. 언제 발생할지 모르는 위기 상황이나 기회에 어떻게 대처하느냐에 따라 사업의 존망이 결정되고는 한다. 이렇게 전쟁과 유사한 사업을 승리로 이끄는 방법을 옛 현인인 손자가 병법으로 남겨주었고, 이를 후대의 손정의 회장이 본인의 경험과 현재의 상황에 맞추어 항상 가슴에 새기고 다니는 것이 '손의 제곱법칙'이라 할 수 있다. 손정의 회장의 제곱법칙은 아래와 같다.

손정의 회장의 제곱법칙의 첫째 행은 도천지장법(道天地將法)이다. 이 구절은 손자병법 제1편 시계(始計) 편에 나오는 말이다. 손자병법에는 전쟁을 시작하기 전에 반드시 분석해야 할 다섯 가지 항목이 있다고 한다. 승산을 점치는 다섯 가지 항목으로 이름하여 '도천지장법(道天地將法)'이다. 첫째, '도(道)'는 전쟁의 목표와 비전이다. 사업으로 이야기하자면 도(道)는 회사가 나아가야 할 길, 즉 회사의 사업 철학을 이야기한다고 볼 수 있다. 둘째, '천(天)'은 천시, 사업의 타이밍, 즉 중용에서 말하는 시중(時中)을 의미하며, 셋째, 지(地)는 전장의 지형 또는 시장의 지형을 알아야 한다는 것이다. 시시각각으로 변하는 지형, 즉 사업의 시장 환경을 정확하게 파악하고 있어야 사업에서 성공할 수 있다는 것이다. 넷째, '장(將)'은 우수한 장수, 즉 사업을 이끄는 C-level(CEO, CFO, COO 등)의 사업 책임자를 뜻한다. 즉 사업 책임자의 인사에 대한 분석을 정확하게 해야 한다. 마지막으로 '법(法)'은 조직 편성, 임무의 명확한 배분 등 군법, 시스템을 정확히 마련하는 것이다. 즉 법(法)은 회사를 운영하는 방법, 시스템으로서 회사가 지속적으로 성장할 수 있는 시스템을 만드는 것이다. 이렇듯 전

道 도 뜻을 세운다	天 천 천시(天時)를 얻는다	地 지 지리(地利)를 얻는다	將 장 우수한 부하를 모은다	法 법 지속적으로 승리하는 시스템을 만든다	**이념** 道天地將法 도천지장법 승리하려면 올바른 뜻, 적절한 타이밍, 지리적 이점, 충성스러운 장수, 효율적 시스템을 갖춰야 한다.
頂 정 비전을 선명하게 그린다	情 정 정보를 최대한 모은다	略 략 죽을힘을 다해 전략을 궁리한다	七 칠 70퍼센트의 승산이 있는지 파악한다	鬪 투 70퍼센트의 승산이 있다면 과감하게 싸운다	**비전** 頂情略七鬪 정정략칠투 올라갈 산을 정한 뒤 관련 정보를 수집해 핵심을 취한다. 승률 70%가 넘으면 말만 하지 말고 전투에 돌입한다.
一 일 철저히 1등에 집착한다	流 류 시대의 흐름을 읽고 재빨리 행동한다	攻 공 다양한 공격력을 단련한다	守 수 온갖 리스크에 대비해 수비력을 갖춘다	群 군 단독이 아닌 집단으로 싸운다	**전략** 一流攻守群 일류공수군 주류에서 압도적 1위가 가능한 사업을 택한다. 다각도로 치고 나가며 위험은 피하고 멀티 브랜드 전략을 쓴다.
智 지 다양한 지적 능력을 갈고 닦는다	信 신 신뢰할 만한 인물이 된다	仁 인 사람들의 행복을 위해서 일한다	勇 용 싸우는 용기와 퇴각하는 용기를 가진다	嚴 엄 부하에게 때로는 엄격함을 보인다	**마음가짐** 智信仁勇嚴 지신인용엄 장수는 지혜, 신의, 인애, 용기, 엄격함을 지녀야 한다. 퇴각하는 것도 용기요, 때론 악마 같은 상사가 되어야 한다.
風 풍 움직일 때는 바람처럼 빠르게	林 림 중요한 협상은 물밑에서 비밀리에	火 화 공격은 불처럼 맹렬하게	山 산 위기 상황에서도 결코 흔들리지 않는다	海 해 패한 상대를 포용한다	**전술** 風林火山海 풍림화산해 재빠르게, 조용히, 철저하게, 흔들림 없이, 바다처럼 모든 것을 삼켜버려야 전투는 비로소 끝이 난다.

그림 2-3 ▌소프트뱅크 손정의 회장의 제곱법칙

쟁과 사업은 다양한 상황을 분석하여 뜻을 모아 연주를 하는 종합예술인 일종의 오케스트라와 같은 것이다.

다음 둘째 행은 '정정략칠투(頂情略七鬪)'이다. 이 구절은 손정의 회장이 창작한 것인데, 첫 글자인 '정(頂)'은 회사의 비전을 의미한다. 정(頂)이라는 한자의 의미는 산의 정상에서 경치를 보고 앞으로 나아갈 방향을 세우는 것이다. 두 번째 글자인 '정(情)'은 대표가 세운 회사의 비전 또는 비즈니스 모델이 정확하고 올바른지 철저히 조사하여 검증하는 것을 말한다. 마치 우리가 다음 장에 공부하려는 '고객 중심 디자인 씽킹'을 통해 고객의 문제가 정확하게 도출되었는지 끊임없이 확인하고 검증하는 것과 같다. 세 번째 글자인 '략(略)'은 회사의 비전을 실현하기 위한 전략을 의미한다. 회사의 비전을 세우고 그 비전의 검증을 마쳤다면 회사의 대표는 그 비전을 실현할 방법(전략)을 세워야 한다는 것이다. 네 번째 글자인 '칠(七)'은 대표가 비즈니스 모델을 가지고 시장에 내놓아서 성공할 확률이 70퍼센트가 넘는다고 판단되면 확실하게 승부를 걸어야 한다는 의미이다. 마지막 '투(鬪)'는 목숨을 걸고 싸워야 비로소 비전을 실현하여 사업을 성공시킬 수 있다는 뜻이다. 이 구절의 핵심은 정확한 사업 비전을 세우고 분석하여 전략을 세운 후에 성공 확률을 분석하여 성공할 확률이 높다고 판단이 되면 목숨을 걸고 집중해서 이루어 내야 한다는 것이다. 손정의 회장의 사업을 대하는 마음이 얼마나 치밀하고, 치열하며, 심지어 처절한지를 잘 보여주는 구절이다.

셋째 행은 '일류공수군(一流攻守群)'이다. 이 구절은 성공하기 위한 전략에 대한 이야기이다. 이 구절 또한 고전은 아니고 손정의 회장의 창작인데, 여기서 첫 번째 글자인 '일(一)'은 '1등'을 의미하는데, 손정의 회장의 1등에 대한 강한 집착을 볼 수 있다. 사실, 2등도 좋아하는 나로서는 100% 동의할 수는 없는데, 나는 아직도 1등도 좋고 2등도 좋다. 가끔은 1등의 부담보다 2등이 나에게는 더 편안하게 다가오기도 하고 2등을 하면 1등을 탈환해야겠다는 목표의식도 생겨서 2등도 좋다. 두 번째 글자인 '류(流)'는 시대의 흐름을 파악하여 다가올 위기나 기회를 포착하는 것으로서, 도덕경의 상선약수에서 보여지는 물과 같이 어려운 상황에 유연하게 대처해야 사업에서 성공할 수 있음을 알 수 있다. 세 번째 글자인 '공(攻)'은 공격, 네 번째 글자인 '수(守)'는 수비를 의미하고 마지막 글자인 '군(群)'은 함께 사업을 만들어 갈 멤버와의 네트워크를 의미한다. 이 구절을 풀어서 말하자면, 사업에 성공하려면 '1등'이 확실한 사업 모델을 찾아서 기회를 포착하여 창업 멤버와 함께 조직을 구축하고 네트워크를 총동원하여 공격과 수비를 해 나가야 한다는 뜻이다.

넷째 행은 '지신인용엄(智信仁勇嚴)'이다. 이 구절은 손자병법의 시계(始計) 편에 나오는데, 대표 또는 리더가 갖추어야 할 자질을 의미한다. 첫 글자인 '지(智)'는 사업을 수행하는 데 있어서 대표가 가져야 할 전문적인 지식, 생각하는 힘 등의 지략을 의미한다. 대표는 사업 아이템에 대한 전문 지식은 물론 회계, 투자 등의 지식들을 갖추어야 하고 사람을 대하는 지략과 심지어는 좋은 사람을 찾아낼 수 있는 능력까지 갖추어야 한다. 두 번째 글자 '신(信)'은 신의, 신념, 믿음이다. 대표는 신념과 믿음이 있어야 회사를 탄탄하게 이끌 수 있다. 대표는 사람에 대한 믿음은 물론 사업에 대한 진정성 있는 신념을 갖추어야 성공할 수 있다. 세 번째 '인(仁)'이 의미하는 바는 "대표는 직원들에게 인의로서 어질게 대해야 한다"는 말인데, 이는 직원에 대한 사랑, 더 나아가 사회에 대한 사랑 및 책임 등의 의미가 담겨 있다. 네 번째 '용(勇)'은 싸울 수 있는 용기, 결심하는 용기, 퇴각하는 용기이다. 손자병법에서는 "특히 퇴각할 때는 공격할 때의 10배나 되는 용기가 필요하다"고 이야기한다. 대표는 위험을 감지하면 망설임 없이 용기를 내어 퇴각하는 것이 회사의 생존을 위해 중요하다고 말한다. 대표는 회사에 해가 되는 일들이 생기거나 멤버 간의 불화로 인해 회사가 어려워지기 전에 용기를 내어서 정리 또는 구조조정을 할 수 있는 굳은 마음을 가져야 한다는 뜻으로 해석된다. 마지막 글자인 '엄(嚴)'은 진정한 리더는 때때로 엄격해야 한다는 의미이다. 즉 사랑하는 부하나 동료에게도 엄해야 할 때는 엄하게 대할 수 있게 실천해야 한다. 단, 대표 자신 또한 엄중한 잣대로서 평가해야 하며, 동료들이 인정할 만한 도덕적인 기준을 갖추었을 때 한해서 그렇다는 이야기일 것이다.

마지막 다섯째 행은 '풍림화산해(風林火山海)'이다. '풍림화산'은 손자병법의 군쟁(軍爭) 편 전술에서 나오는 말인데, 전쟁에서 승리하기 위해 어떻게 행동해야 하는지를 알려준다. 첫 번째 글자 '풍(風)'은 공격을 할 때와 전략을 수립할 때 "그 빠르기는 바람과 같이 재빠르게"이며, 두 번째 글자 '림(林)'은 "고요하기는 숲과 같이 조용하게 극비리에 전략을 진행한다"는 의미이다. 손자병법에서는 "군대가 대기하고 있을 때는 숲처럼 조용히" 있어야 한다고 말한다. 모든 일에는 빠르게 치고 나가야 할 때가 있고, 숲과 같이 조용히 내공을 키워야 하는 시기가 있는데, 사업을 행함에 있어도 이러한 상황을 알고 정확하게 파악하고서 대처해야 한다는 말이다. 세 번째 글자 '화(火)'는 "공격할 때는 불처럼 맹렬하게" 해야 한다는 말이다. 사업 아이템을 시장에 내놓고서 빠르게 시장을 장악하고 싶다면 생각할 수 있는 모든 패턴으로 불처럼 맹렬하게 진행해야 한다. 네 번째 글자인 '산(山)'은 "움직이지 않기를 산과 같이 한다"이다. 수비할 때는 "산처럼 미동도 하지 않는다"는 말이다. 이렇듯 병법의 지혜를 통해 우리는 사업을 행함에 있어서 바람과 불과 같이 맹렬히 펼칠 때와 숲과 산과 같이 조용히 미동도 하지 않으면서 때를 기다리며 내공을 쌓아야 하는 것이다. 마지막 글자인 '해(海)'는 손정의 회장이 '풍림화산'에 한 글자를 더 추가했는데, 풍림화산을 통해 전쟁(사업)을 승리로 이끌어 냈더라도 아직 완결된 것이 아니라, 전쟁이 끝난 뒤에는 바다와 같이 시장을 둘러보고 치유하는 과정을 가져야 한다는 의미이다. 즉 사업이 완결되었을 때 마무리에 대한 손정의 회장의 고찰이 보인다. 다음 사업을 원활하게 준비하기 위한 과정이라는 생각이 든다.

손자병법과 손정의 회장이 오랫동안 사업을 진행해 오면서 만든 '손정의의 제곱법칙' 25자는 사업을 시작하는 우리에게 많은 깨달음과 방향을 제시해 준다. 위의 25자에서 볼 수 있듯이 사업의 시작은 뜻을 세우는 것이다. 나는 여전히 습관성 창업 증후군에 걸려 항상 창업의 꿈을 이루기 위해 뜻을 세우고, 시장과 기술을 분석하면서 새로운 사업 기회를 찾고 있다.

3장 고객 중심 디자인 씽킹 실전 창업

03 고객 중심 디자인 씽킹 실전 창업

3.1 4차 산업혁명시대의 문제해결 혁신 방법론, 디자인 씽킹

여러분들 중 많은 분들이 이미 '4차 산업혁명'에 대해서 들어 보았을 것이다. 그렇다면 주위의 친구들이나 부모님 또는 아이가 "4차 산업혁명이 무엇인가?"에 대해서 물어본다면, 간결하게 답해 줄 수 있을까? 아마 이것저것 이야기를 할 수 있겠지만, 간결하게 "4차 산업혁명이 이것이다"라고 답할 수 있는 사람은 많지 않을 것이다.

본격적으로 '디자인 씽킹 실전 창업'에 들어가기에 앞서서 4차 산업혁명에 대해서 알아보면, 우리가 사는 이 시대, 즉 4차 산업혁명의 시대에 왜 '디자인 씽킹'이라는 문제해결 방법론 또는 '제품개발 방법론'이 중요한 역할을 하는지를 알 수 있다. 자, 그럼 4차 산업혁명에 대해서 알아보는 시간을 가져보자.

3.1.1 4차 산업혁명이란 무엇인가?

도대체 미디어와 많은 사람들이 이야기하는 '4차 산업혁명'은 무엇인가? 용어 그대로 네 번째 산업혁명이라는 뜻이다. 그러기에 '4차 산업혁명'을 이해하기 위해서는 먼저 '산업혁명'이 무엇인지부터 알아야 한다.

'산업혁명(Industrial Revolution)'은 '제조공정의 혁명'이다. 제조공정의 혁명을 통해 18세기 말과 19세기 초에 유럽과 북미에서 급속한 산업화가 일어났으며, 이에 따라 최초의 '산업혁명'이 시작되었다. 조금 더 자세히 설명하자면, 이 시기에는 섬유 및 농업과 같은 전통산업의 생산방식에 그 당시 새로운 기술인 증기기관의 동력을 이용한 기계의 도입으로 제품의 생산방식이 '혁명'적으로 변하는 중요한 기술 발전의 시기였다. 우리는 이를 1차 산업혁명이라고 한다. 산업혁명은 사회의 경제적 · 사회적 구조에 중대한 변화를 가져왔고, 도시의 성장, 중산층의 확대, 새로운 산업과 생산방식의 출현으로 이어졌다. 이러한 생산공정에서의 혁신적인 변화는 제품 생산방식뿐만 아니라 경제 및 사회구조의 변화를 일으켰기 때문에 '혁명'이라는 단어를 붙여서 '산업혁명'이라고 부르게 되었다.

'산업혁명'에 대해서 간단히 소개해 봤는데, 그렇다면 이제 '4차 산업혁명'을 이야기해 보자. 4차 산업혁명을 이해하려면 그 전의 산업혁명, 즉 1차, 2차, 3차 산업혁명의 특징을 살펴보는 것이 좋다. [그림 3-1]은 1차 산업혁명부터 4차 산업혁명까지의 특징에 대해 설명하고 있는데, Y축은 제품의 복잡한 정도(Level of Complexity)를 나타낸다.

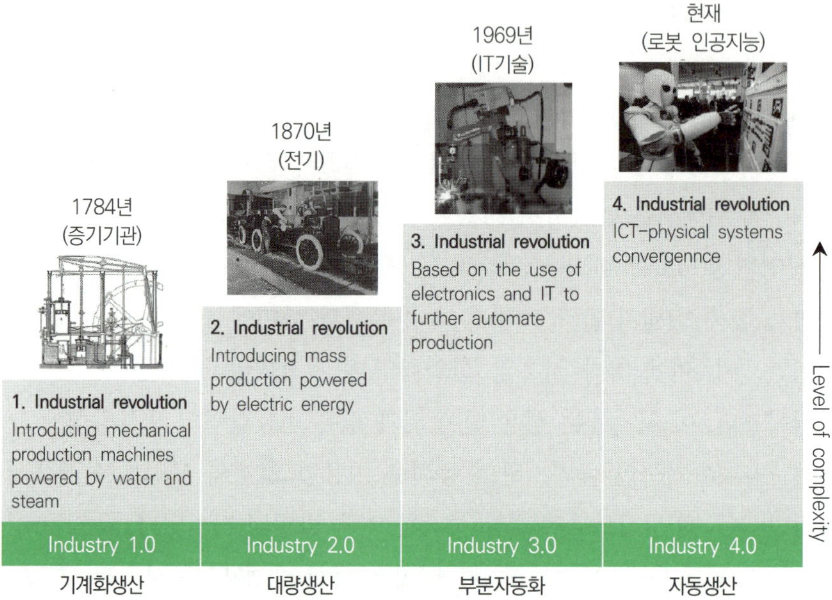

출처: DFKI, 독일 인공지능연구소, 2011.

그림 3-1 | 1차~4차 산업혁명의 특징과 제품의 복잡도 관계

앞에서 잠깐 설명했듯이 1784년에 영국에서 증기기관이 생산공정에 도입되면서 1차 산업혁명이 일어나게 된다([그림 3-1] 참조). 1차 산업혁명 전에는 수공업, 즉 사람들이 직접 손으로 제품을 만들었다. 18세기 후반에 수력, 증기기관 기술이 제품 제조공정에 도입되면서 사람 대신 기계가 일부 제조공정을 대신하게 되었고, 이를 1차 산업혁명, 기계화혁명(Mechanization)이라고 한다. 우리가 산업혁명사에서 주의 깊게 보아야 하는 부분은 그 당시 공장에서 생산되던 제품이다. [그림 3-1]과 같이 각 산업혁명을 거치면서 제품이 점점 복잡해졌는데, 이러한 제품의 다양성 또는 복잡도는 시간이 지남에 따라 선형적으로 증가한 것이 아니라, 각각의 산업혁명을 통해서 제품의 복잡한 정도가 갑자기 증가하는 계단식 또는 '퀀텀점프' 식의 비약적 증가 양상을 보인다([그림 3-1]의 Y축). 이는 각각의 산업혁명을 야기한 것은 그 시대에 나타난 혁신적인 생산공정기술이었고, 이러한 혁신적인 생산공정을 통해 제품의 다양성 및 복잡도도 혁신적으로 함께 증가했다.

19세기 초기의 2차 산업혁명을 야기한 혁신적인 생산기술은 무엇일까? 바로 전기의 생산 및 보급기술과 화학공정의 혁신적인 발달로 인한 폴리머 합성기술이다. 이 두 가지 기술이 접목되어 컨베이어벨트가 공장 제조 라인에 도입되었고, 이를 통해 처음으로 공장에서 대량생산이 가능하게 되었다. 이러한 이유로 혹자는 2차 산업혁명을 전기-화학혁명이라고도 한다. 2차 산업혁명으로 생산된 대표적인 제품으로는 포드사의 자동차를 예로 들 수 있다. 포드사는 석유화학공정으로 만든 고무 컨베이어벨트를 생산공정 라인에 도입하였다. 이 컨베이어벨트는 전기의 힘으로 각 조립공정 라인을 돌고 있었다. 이렇게 컨베이어벨트가 생산 라인에 도입되기 전에는 한 대의 자동차를 만들기 위해서 자동차 부품을 한군데 모아 놓고서, 많은 사람들이 모여 같이 조립을 해서 자동차를 생산했었다. 하지만 컨베이어벨트가 돌아가면서 공장 노동자들은 컨베이어벨트의 움직임에 따라 한곳에 서서 정해진 작업(타이어를 조립하거나 엔진을 장착하는 등)을 업무시간 동안 수행하였다. 이렇게 컨베이어벨트가 생산 라인에 도입되면서 생산량이 급증하였으며, 제품의 가격이 급격하게 떨어지고 노동자들의 임금도 점차 상승하였다. 이로 인해서 2차 산업혁명 전에는 귀족들의 전유물이었던 제품들을 일반시민들도 살 수 있게 되었고, 이렇게 공산품의 보급이 가능해졌으며, 자연스럽게 대중문화도 꽃을 피우게 되었다. 이렇게 자동차회사인 포드가 2차 산업혁명을 대표하는 회사가 되면서, 혹자는 2차 산업혁명을 통해 나타난 현상을 '포드주의 또는 포디즘(Fordism)'이라고도 한다.

포디즘(Fordism)이란?

포디즘은 20세기 초 헨리 포드(Henry Ford)와 그의 동료들이 개발한 생산 및 관리시스템을 말한다. 포디즘은 주로 자동차산업과 관련이 있지만 소비재 제조와 같은 다른 산업에도 적용되었다. 이 시스템은 생산공정의 효율성, 표준화, 합리화를 원칙으로 하여 비용을 최소화하면서 생산성을 극대화하는 것을 목표로 했다. 결국 포디즘은 상품이 생산되고 소비되는 방식을 변화시키면서 세계경제에 지대한 영향을 미쳤다. 이와 더불어 중산층의 성장과 소비문화의 부상에도 기여했다. 그러나 이 시스템은 근로자에 대한 비인간적 효과와 환경 및 경세에 미치는 영향으로 인해 비판을 받기도 했다. 요약하자면 포디즘은 상품이 생산되고 소비되는 방식에 혁명을 일으켜 생산성 증가와 중산층의 성장으로 이어진 2차 산업혁명을 대표하는 시스템이라고 할 수 있다. 그러나 근로자, 환경 및 경제적 불평등이라는 부정적인 영향도 함께 야기했다는 평가도 있다.

이와 같이 전기화학혁명인 2차 산업혁명을 통해 제품의 대량생산이 가능해졌는데, 1970년대로 들어서면서 미국, 독일, 일본 등 제조 강국에서는 노동자들의 인건비가 증가하면서 중산층이 생겨나게 되었다. 회사들은 노동자의 인건비가 증가하자 이를 해결하기 위해 사람들이 해오던 단순 반복적인 작업을 점차 로봇으로 대체하였다. 이를 통해서 공장 생산 라인이 점차 부분적으로 자동화되어 갔는데, 이런 로봇과 정보통신(IT) 망이 생산 라인에 적용되면서 24시간 쉬지 않고 공장이 돌아가게 되었다. 로봇이 생산 라인에 적용된 부분 자동화가 되자 제품의 생산량이 급격히 증가하였다. 이렇게 IT와 로봇이 적용된 부분적인 생산 자동화 또는 소품종 대량생산의 자동화가 가능한 시대가 도래하였는데, 이를 3차 산업혁명 또는 '정보화혁명'이라고 한다. 1970년대부터 3차 산업혁명으로 인해서 제품을 제조하는 무대가 제조 강국 본국에서 전 세계로 뻗어 나가게 되었고, 시장에는 더 많은 제품들이 쏟아져 나오기 시작했다.

바야흐로 밀레니엄이 지나고 21세기가 들어서면서 4차 산업혁명이 시작되었다. 현재 우리가 살고 있는 시대가 4차 산업혁명이 이제 막 시작한 시기라고 할 수 있을 것이다. 4차 산업혁명의 시작은 2014년 다보스 경제포럼에서 Industry 4.0을 선언하면서 공식적으로 시작되었다고 볼 수 있는데, 독일 지멘스 공장의 스마트 팩토리(Smart Factory)를 4차 산업혁명의 대표적인 예로 들 수 있을 것이다. 지난 몇 차례의 산업혁명과 마찬가지로 4차 산업혁명 또한 공장 제조 라인의 혁명에서 시작되었다. 기존의 3차 산업혁명이 제품 생산 라인에 투입된 제조 로봇이 프로그래밍된 정해진 제조공정만을 수행했다면, 4차 산업혁명으로 대표되는 스마트팩토리의 제조로봇은 인공지능이 탑재되어 여러 가지 공정을 수행할 수도 있고, 비전 학습을 통해서 공정능력의 속도와 정확성을 스스로 향상시킬 수도 있게 되었다. 이렇게 기존의 생산공정시스템에 인공지능이 도입되면서 기존의 공장이 더 똑똑한 스마트 공장(Smart Factory)으로 진화되었는데, 이 시점을 우리는 4차 산업혁명이라고 부르기 시작했다.

4차 산업혁명에 대해서 여러 가지 정의가 있지만, 보통 4차 산업혁명은 기존의 물리적인 시스템(Physical System)에 인공지능(Cyber System)을 접목시킨 사이버물리시스템(Cyber-Physical System: CPS)을 말한다. 정리하자면 1차 산업혁명은 기계화혁명, 2차 산업혁명은 전기화학혁명, 3차 산업은 정보화혁명, 4차 산업혁명은 사이버물리시스템(CPS) 혁명이라고 할 수 있다.

그렇다면 4차 산업혁명의 예를 들어 보자. 생산공장, 제조 로봇, 자동차, 집, 학교 등은 4차 산업혁명 이전부터 존재하던 물리적 시스템(Physical System)이다. 이런 물리적인 시스템에 두뇌와 감각, 즉 인공지능(두뇌)과 인터넷이 연결되어 센싱 정보(감각)를 주고받을 수 있는 사물인터넷(Internet of Things: IoT)인 사이버시스템(Cyber System)을 적용해서 스마트한 시스템으로 만들면 이를 4차 산업혁명의 결과물, 사이버물리시스템(CPS)이라고 한다. 이런 4차 산업혁명의 결과물에는 보통 기존의 물리적인 시스템에 '스마트'라는 말을 붙이는데, 예를 들면 기존 공장에 인공지능이 접목되면 스마트팩토리, 집에 IoT 센서와 인공지능이 접목되면 스마트홈, 사람이 운전하던 기존 자동차에 인공시능과 센서가 접목되면 스마트카 또는 자율주행차(Autonomous Car)라고 부르고, 이를 4차 산업혁명의 대표적인 예라고 할 수 있다.

4차 산업혁명의 시대에는 CPS를 통해 지능적인 시스템을 개발하게 되었는데, 기존의 물리적인 시스템(Physical System)에 시각, 청각, 촉각 등의 센서를 적용하여 정보(Data)를 수집하여 물리적인 시스템을 학습시킴으로써 수행능력을 향상시킨다. 여기서 물리적인 시스템을 제조 로봇이라고 한다면, 센서와 이러한 센서에서 수집된 방대한 데이터를 인터넷을 통해 전송하는 것을 사물인터넷, 즉 IoT라고 하고, 이렇게 수집된 데이터를 빅데이터(Big Data)라고 한다. IoT 센서를 통해 수집된 빅데이터로 인공지능 머신을 학습시키고 이를 물리적인 시스템인 제조 로봇에 적용시켜 생산 라인을 스마트하게 만드는 것을 스마트팩토리라고 한다.

이제, 누군가 여러분에게 "4차 산업혁명이 무엇인가?"라고 물어본다면, 간결하게 답을 해 주면 되겠다. "4차 산업혁명은 사이버물리시스템(Cyber-Physical System) 혁명"이라고.

3.1.2 4차 산업혁명, 다품종 대량생산의 시대가 온다

이렇게 4차 산업혁명이 도래하면서 기존의 생산 라인에 대한 컨셉이 완전히 바뀌게 되었다. 3차 산업혁명에서는 소품종 대량생산을 통해 소비자가 원하지 않는 기능과 디자인의 제품이라도 공산품으로 제작되어 시장에 출시되었다. 소비자는 자신의 취향보다는 대중의 취향에 맞추어 제품을 구매하게 되어 자연스레 너도 나도 같은 제품을 사용하게 되었다. 하지만 4차 산업혁명의 등장으로 이제 다품종 대량생산(Mass Customization)이 가능하게 되었다. 이제는 점점 소비자가 원하는 기능과 디자인을 맞춤형으로 생산이 가능해지는 시기가 도래하였다.

또한 Factory as a Service(FaaS) 등 특정 소비자가 원하는 제품을 소량으로 생산할 수 있는 공장들이 생겨나면서, 이제는 소규모 창업자도 소비자의 감성을 공략할 수 있는 제품을 만들 수 있는 새로운 시대가 되었다. 바야흐로 소비자의 진정한 필요(needs)를 알게 된다면, 성공하는 기업가가 될 수 있는 요즘이다. 그렇다면 소비자의 진정한 니즈를 충족시켜 감동을 안겨줄 수 있는 제품을 어떻게 만들 수 있을까? 바로 디자인 씽킹에 그 해법이 있다.

3.2 디자인 씽킹: 고객의 숨어있는 Unmet Needs를 찾아서 해결하자

4차 산업혁명에 대해서 공부해 보았으니, 이제 본격적으로 실전 창업에 들어가 보자. 창업을 하기 위해서는 비즈니스 모델(아이디어), 창업 멤버

(사람), 사업 자금(펀드)이 필요한데, 이 세 가지 중 어떤 것을 먼저 시작하는지는 스타트업마다 제각각 다르다. Airbnb처럼 창업을 하기 위해 멤버들이 먼저 모여서 어떤 사업을 할까 시간을 가지고 시장의 니즈를 알아본 후, 비즈니스 모델을 세우는 방법도 좋다.

내 경험상 엑시트(Exit) 경험을 해본 멤버와 같이 회사를 시작할 수 있다면 그 스타트업의 성공 확률은 매우 높았다. 이러한 연속 창업자(Serial Entrepreneur)와 스타트업을 함께한다면, 투자 유치도 매우 수월하며 이에 따라 투자 유치 전략 등도 매우 탄탄하게 갖추어 준비할 수 있다. 보통 이렇게 연속 창업자와 함께하는 스타트업은 훌륭한 초기 멤버들이 함께 시작하기 때문에, 스타트업을 시작하는 데 가장 어려운 일인 훌륭한 인력을 구하는 일, 즉 초기 맨파워(Manpower)를 구축하는 데도 매우 유리하다. 하지만 현실적으로 사업 경험이 없는 보통의 경우에는 이미 엑시트를 해서 성공을 거둔 멤버들과 함께하기란 거의 불가능한데, 이는 나 역시도 마찬가지였다.

이런 상황에서 정말 고객이 원하는 비즈니스 모델(아이디어)을 찾는 일은 너무나 어려운 일이라 보통의 초보 창업자들은 본인들이 잘하고 좋아하는 사업 아이디어로 시작하게 되는데, 이것이 대부분의 스타트업들이 실패하게 되는 가장 큰 이유이다. 앞서도 이야기했듯이 스타트업이 성공할 수 있는 최소한의 조건은 고객이 그 시점(타이밍, 時中)에서 원하고 절실히 필요로 하는 언맷니즈(Unmet Needs, 미충족 수요)를 해결해 주는 제품이나 서비스를 내놓아야 하는데, 이를 위해서 내가 그동안 실전에서 사용해 왔던 "고객의 충족되지 않은 요구인 언맷니즈를 발굴하는 데 매우 유용한 툴"을 소개해 보려 한다. 그 툴은 앞서 잠깐 소개한 '인간 중심 디자인 씽킹(Human Centered Design Thinking)'인데, 이 디자인 씽킹 문제해결 방법론(Design Thinking Problem Solving Methodology)의 목표는 "공감을 통해 고객의 진정한 니즈에 가장 가까운 제품 또는 서비스를 개발"하는 것이다.

그럼 이렇게 고객의 언맷니즈 발굴에 유용한 툴인 디자인 씽킹 방법론에 대해서 더 구체적으로 알아보자. 디자인 씽킹을 우리말로 바로 직역하자면 "생각(Thinking)을 설계(Design)하는 것"이다. 이를 좀 더 설명하자면, 특히 창업과 같이 복잡한 문제가 있을 때 이를 구조적으로 나누어 풀 수 있게 우리의 사고를 디자인하는 것으로 생각하면 되는데, 간단한 것 같지만 디자인 씽킹을 배우고 실제 스타트업에 적용하여 체득하는 것은 내 경험상 매우 어려운 일이었다.

디자인 씽킹은 다음 5단계, 즉 ① 고객의 진정한 문제를 발굴하기 위한 공감(Empathize), ② 공감 후 고객의 충족되지 않은 문제(Unmet Needs)를 압축 및 정의(Define), ③ 정의된 고객의 문제를 풀기 위한 해결 방법, 즉 솔루션 발굴(Ideate), ④ 찾아낸 해결 방법의 가시화(Visualization) 또는 시제품화(Prototype), ⑤ 가시화된 시제품 또는 솔루션이 처음 공감 단계에서 발굴한 고객 문제를 제대로 해결하는지에 대한 평가(Test)로 이루어진다([그림 3-2] 참조).

이렇게 디자인 씽킹의 다섯 단계를 마치면, 고객의 진정한 문제를 해결하는 솔루션, 즉 비즈니스 아이템을 개발하게 되는데, 이때 마지막 단계인 평가를 통해서 창업기업이 제안한 서비스 또는 제품과 고객의 요구사항(니즈) 간의 차이(Gap)를 알 수 있게 된다. 이러한 최종 개발된 제품과 고객 니즈 간의 차이를 좁히기 위해서 다시 ①번 단계인 공감 단계로 돌아가서 비즈니스 아이템을 디자인 씽킹의 5단계를 통해 다시 준비하는 반복(Iteration) 과정을 하게 된다. 이렇게 디자인 씽킹의 5단계 '공감(Empathize) – 정의(Define) – 아이디어 발굴(Ideate) – 시제품화(Prototype) – 마켓 테스트(Test)'와 이 5단계를 계속 실행하는 반복(Iteration), 이렇게 총 여섯 가지 요소가 디자인 씽킹의 핵심 요소라고 할 수 있다.

디자인 씽킹의 다섯 가지 단계를 설명한 [그림 3-2]를 보면, 디자인 씽킹 5단계 중 맨 처음 단계인 공감 단계에서 대부분의 리소스(대략 80% 이상의 시간과 비용)를 써야 한다고 제시했는데, 그 이유는 공감 프로세스를 통해서 정확한 고객의 요구사항(니즈)을 발굴하여 제품과 서비스를 내놓아야 하는데, 그렇지 않았을 경우에 비즈니스가 수포로 돌아가는 경험을 많이 해왔기 때문이다.

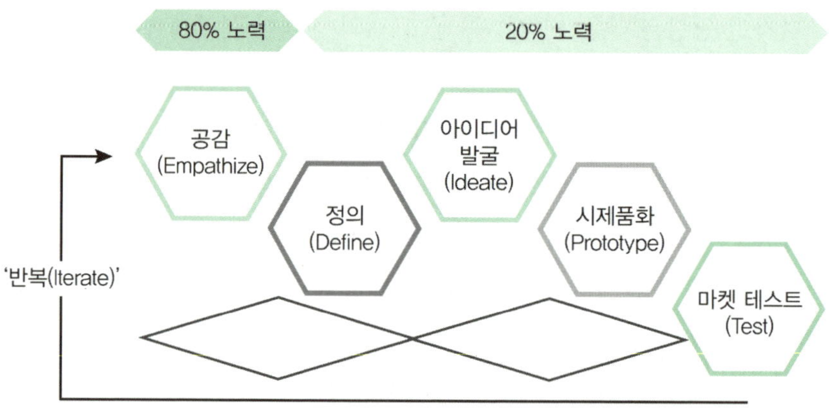

그림 3-2 | 인간 중심 디자인 씽킹의 5단계

따라서 디자인 씽킹의 처음이자 가장 핵심 과정인 고객과의 공감을 통해 고객의 진정한 문제(또는 Needs)를 발굴하는 과정에 가장 많은 시간과 노력을 들여야 사업의 실패 확률을 최소화할 수 있다. 이는 수많은 크고 작은 프로젝트와 여러 번의 스타트업의 실패를 통해 얻은 내 나름의 노하우(Know-how) 또는 지혜인데, 반드시 공감 단계에 80%라는 정량적인 시간과 노력을 투자해야 한다는 의미는 아니다. 말하자면, 공감 단계는 전체 프로젝트 대부분의 자원을 투입해야 할 만큼, 디자인 씽킹에서 가장 중요한 단계이며 이 단계를 통해서 고객의 진정한 요구사항, 충족되지 않은 요구사항인 언맷니즈를 발굴해야 한다는 의미이다.

다시 한번 강조하지만, 고객의 니즈를 철저히 파악하지 않고 사업을 시작한다면, 후에 스타트업을 진행하는 데 있어서 너무 많은 자본과 시간이 낭비될 수 있기 때문에 거의 대부분의 사업이 실패하게 된다. 이는 내가 그동안 여러 사업에 실패하면서 뼈를 깎는 고통을 겪은 후 얻은 소중한 교훈이라고 할 수 있다.

이렇게 사업의 사활이 걸려있는 "고객과의 공감을 통한 고객의 문제점(니즈)을 파악"하기 위해서, 초기 창업팀에게 고객의 니즈를 조사할 수 있게 지원하는 프로그램이 있어서 소개해 본다. 미국국립과학재단(National Science Foundation: NSF)에서 운영하는 'Innovation Corps(I-Corp™)'라는 프로그램인데, 혁신적인 아이디어를 가진 예비 창업팀에게 미화 5만 달러 정도를 지원하여 창업팀이 계획 중인 비즈니스 모델이 고객의 니즈에 부합한 것인지 알아볼 수 있도록 지원한다. 한국에도 I-Corps와 유사한 프로그램을 운영하고 있는데, 이러한 프로그램에 적극 참여해서, 사업 초반에 되도록 많은 피봇팅(Pivoting, 비즈니스 모델을 고객의 니즈에 맞추어 수정해 보는 것)을 해보는 것이, 성공할 수 있는 확률을 조금이라도 높일 수 있고 실패할 확률을 줄일 수 있다.

또한 [그림 3-2]를 보면 아래에 두 개의 다이아몬드 모양이 있는데, 이는 각 단계에서 니즈나 솔루션 숫자의 확장과 축소를 의미한다. 디자인 씽킹의 첫 단계인 공감 단계에서는 고객의 니즈를 계속 발굴해 나가면서 고객의 문제를 점점 더 많이 발굴하게 될 것이다. 그 후 정의 단계에서는 공감 단계에서 얻은 여러 개의 고객의 문제(니즈) 중 더 절박하고 필요한 진정한 1~3개의 문제로 정리하게 된다. 보통 세 개 정도의 고객의 문제로 정리하는데, 이는 후에 회사 투자 설명 프레젠테이션(IR Deck)의 첫 핵심 슬라이드인 고객이 해결하고 싶은 문제점(Problem)을 설명하는 초반부 슬라이드에 사용하게 될 것이다. 그 후 세 번째 단계인 아이디어, 즉 솔루션 발굴 단계에서는 솔루션의 숫자가 다시 확장이 되는데, 이는 두 번째 단계인 정의 단계에서 정리된 고객의 몇 가지 니즈를 해결하기 위한 수많은 아이디어 및 솔루션을 발굴해 내는 것을 의미한다. 그리고 마지막으로 시제품 제작을 통해서 수많은 아이디어 및 솔루션이 한두 가지의 시제품으로 축소되는 것을 보여주고 있다.

디자인 씽킹의 본래 명칭은 디자인 씽킹 앞에 '인간 중심'이라는 용어가 있는 '인간 중심 디자인 씽킹(Human Centered Design Thinking)'이다. 이는 디자인 씽킹의 원래 용어 그대로 기존의 제품개발 프로세스에 공감이라는 핵심 단계를 추가해서 고객과의 공감을 통해 고객의 진정한 문제를 발굴해야 한다는 간단하지만 혁신적인 의미를 담고 있다. 간단하게 말하자면, 디자인 씽킹은 "고객과의 공감능력이 사업의 성패를 나누는 핵심"이라고 말하고 있다. 이러한 이유로 나는 혁신적이고 시장을 바꾸는 위대한 스타트업은 인문학 및 철학, 예술을 바탕으로 공감을 할 수 있는 창업가들이 만들어 갈 수 있다고 생각한다. 이제 우리의 눈을 바깥으로 돌려보자. 거기에는 내가 아닌 우리의 고객이 있다. 고객의 문제를 더 많이 경험해보고, 고객을 더 많이 만나고, 더 많이 관찰하자. 이 세 가지 활동, 즉 고객의 문제를 직접 경험하고(Engage), 고객과 만나고(Interview), 고객의 행동을 관찰(Observation)하는 디자인 씽킹의 공감 프로세스는 우리를 "고객의 진정한 요구를 찾아내어 이를 해결할 솔루션을 만들어 내는 성공하는 창업자"로 만들어 줄 것이다.

인간 중심 디자인 씽킹은 간단하지만 실천하기가 매우 어렵다. 진정으로 우리의 껍질을 벗어 던지고, 고객이 중심이 되는 사고(Thinking)를 통해 고객의 진정한 문제를 발굴할 줄 알아야 한다. 내가 아닌 다른 사람을 완전히 이해하려고 하는 디자인 씽킹의 이러한 과정은 마치 성인군자의 길을 찾아가는 구도자의 수행과정처럼 느껴지기도 한다. 자! 이제 우리의 회사를 유니콘 기업으로 성장시키는 데 함께할 훌륭한 길 안내자인 디자인 씽킹을 알게 되었다. 이제 용기를 내어 디자인 씽킹과 함께 창업의 세계로 나아가 보자.

3.3 디자인 씽킹의 핵심: 공감(Empathize)

인간 중심, 고객 중심 디자인 씽킹의 핵심은 공감(Empathy)이다. 사실, 문제를 정의(Define)하고, 정의된 문제를 해결하는 아이디어를 기반으로 제품을 설계(Ideate)하고, 설계된 제품을 만들고(Prototype), 이를 시장에 내놓고 검증받는(Test) 제품 설계 및 생산 방법론은 예전부터 있어왔다. 그래서 인간 중심 디자인 씽킹이 기존의 제품개발법과 차별화되는 부분은, 사업 아이템을 선정할 때 "문제 발굴을 어떻게 하느냐" 하는 물음에서 시작된다고 할 수 있다. 정답부터 말하자면, 디자인 씽킹은 그 문제 발굴의 방법을 "고객과의 공감"으로부터 시작한다. 그렇다면 여기서 공감이란 무엇일까?

모두 알고 있듯이 공감(共感)이란 타인의 감정을 그대로 느끼는 것을 의미한다. 사실상 타인의 불편함이나 어려움을 100% 똑같이 느끼기는 너무나 어려운 일이고, 어쩌면 불가능한 일이라고 생각할 수도 있다. 특히 우리는 나이가 들수록 여러 문제들을 만나게 되고, 그 문제들을 판단하고 풀어가는 나만의 방법을 습득하게 된다. 이렇게 우리가 만들어 놓은 각자의 문제풀이 방법 또는 사고의 울타리 안에서 살아가는 게 안전하고 편하기 때문에, 우리가 아닌 타인의 울타리 안의 상황을 들여다보고서, 그들의 진정한 문제를 알아내는 것은 매우 어려운 일이다.

그러한 이유로 보통 대부분의 스타트업들은 이러한 어려운 과정을 건너뛰고, 창업자의 생각대로 사업을 시작하는데, 이 결과 통계적으로 95% 이상의 스타트업들이 엑시트에 성공하지 못하고 사업에 실패하는 것이다. 나 또한 고객과의 충분한 공감 없이 고객의 문제점을 알아냈다고 생각하고 사업을 진행한 경험이 많았고, 그러한 사업들은 모두 성공하지 못했다. 결국 나는 여러 번의 실패를 겪고 나서야 충분한 시간을 가지고 고객처럼 살아보고, 고객을 만나보고, 관찰하여 여러 번의 피봇팅을 거쳐 사업을 시작하고 있는데, 그 결과 사업의 성공률도 많이 향상되었다.

앞서 잠깐 언급했듯이 고객과 공감하기 위해서는 고객처럼 생활해 보고(Engage), 고객을 만나고(Interview), 고객의 행동을 관찰(Observation)하는 세 가지 방법이 있다.

이러한 공감 프로세스에 대해 조금 더 설명을 해보자. 만일 우리의 고객이 노인이라면 노인처럼 분장을 하고 실제 노인처럼 살아보는 것이 노인분들의 절박한 문제를 알 수 있는 가장 확실한 방법일 것이다. 하지만 이렇게 실제 고객처럼 살아보는 것은 여간 쉽지 않은 일이다. 그래서 다른 방법으로는 고객을 만나서 속 깊은 대화, 즉 공감 인터뷰(Empathy Interview)를 진행하는 방법이 있다. 여기서 공감 인터뷰는 기존의 단답형 인터뷰가 아닌, 마치 친구와 술 한잔 하면서 친구의 말못할 고민을 함께 나누는 것과 같은, 고객과의 깊은 신뢰 속에서 고객의 진정한 문제를 알아내야 하는 너무나도 어려운 인터뷰이다. 이와 관련해서 예전부터 내려온 속담이 생각나는데 "열 길 물속은 알아도, 한 길 사람 속은 모른다"라는 속담이다. 속담에서 의미하는 만큼이나 타인의 속마음을 안다는 것은 너무나도 어려운 일이고, 솔직히 말하자면 친한 친구나 형제의 속마음을 아는 것도 결코 쉽지 않다. 이렇듯이 공감 인터뷰를 통해 고객의 진정한 문제점을 알아내는 것은 매우 어려운 일이다.

마지막으로 그래도 가장 쉬울 수 있는 공감의 방법이 있는데, 고객의 행동을 관찰(Observation)하면서 고객 본인조차 모르고 있던 문제점을 찾아내는 것이다. 하지만 이 방법 또한 많은 경험과 다른 사람이 보지 못하는 고객의 문제점을 알아낼 수 있는 날카로운 안목이 있어야 한다.

공감을 위한 관찰의 좀 더 쉬운 이해를 위해, 이에 대한 예를 들어 보자. 디자인 씽킹 문제해결 방법론(Design Thinking Problem Solving Methodology)을 기반으로 많은 기업의 제품개발 문제를 컨설팅하여 유명세를 얻은 IDEO라는 회사는 어느 날 Oral-B로부터 "유아용 칫솔 개발" 의뢰를 받게 된다. 이 문제해결을 위해 IDEO의 컨설턴트들은 유아가 칫솔질을 하는 것을 유심히 관찰하였는데, 이를 통해 유아의 칫솔질이 어른과 다르다는 것을 발견하였다. IDEO의 컨설턴트들은 "유아들은 칫솔의 몸통을 손 전체로 감싸 쥐고서 이를 닦는다는 것"을 관찰을 통해서 알아냈고, 이러한 사실을 기반으로, Oral-B에 몸통이 두껍고 큰 유아용 칫솔을 개발할 것을 제안했다. Oral-B는 IDEO의 제안을 받아들여 이듬해 몸통이 두껍고 큰 유아용 칫솔을 출시하였고 말 그대로 대박이 났다. 이러한 일례로 볼 수 있듯이 고객의 진정한 문제를 발견하는 것은 이렇게 고객의 행동을 유심히 관찰하는 것만으로도 가능하다. 하지만 이러한 관찰을 통한 문제 발견 또한 많은 경험과 고객의 입장에서 생각할 수 있는 높은 공감능력을 가진 사람만이 할 수 있는 일이다.

공감에 대해서 너무 어렵다고만 이야기한 것 같다. 하지만 절대로 공감 프로세스를 가볍게 넘어가서는 안 되기 때문에, 이렇게 강조할 수밖에 없고, 디자인 씽킹의 핵심 프로세스인 공감 프로세스가 어렵기 때문에, 스타트업을 성공시키기 또한 매우 어려운 것이라고 생각한다. 물론 공감을 통해서 너무 딱 맞는 사업 아이템을 찾은 경우라고 100% 성공하는 것은 아니다. 이 외에도 여러 가지 요소들과 창업자의 굽히지 않는 의지가 함께 어우러져야 사업의 성공에 한 발짝 다가설 수 있는 것이다.

3.4 목표 고객을 상상해 보자: 고객 페르소나

디자인 씽킹의 첫 단계인 공감 작업을 시작할 때, 우리가 구상하고 있는 창업 아이템을 최종적으로 사용할 목표 고객(Target Customer)을 정의해야 한다. 본격적으로 고객의 니즈를 발굴하기 전에, 앞으로 우리의 제품을 사용할 고객에 대해서 미리 구체적으로 상상해 보면 어떻게 제품이나 서비스를 개발할지, 그리고 어떻게 고객에게 팔 수 있을지에 대한 전략도 수립할 수 있는데, 이렇게 목표 고객을 구체적으로 그려보는 고객 페르소나(Persona)를 설정하는 작업 또한 본격적인 디자인 씽킹을 시작하기 전에 해야 하는 작업이다. 좀 더 구체적으로는 아래와 같은 사항들을 상상하면서 고객의 페르소나를 만들어 보자.

- 고객의 이름, 나이, 성별, 수입 수준(경제력), 가족관계(독신 또는 배우자/자녀 유무)
- 성격과 취향, 심리 성격 검사(MBTI)
- 좋아하는 것, 싫어하는 것, 취미
- 사는 나라 또는 지역, 활동 반경(경제활동, 취미활동)

[그림 3-3]은 말레이시아에서 소개팅 앱을 만들려는 회사의 목표 고객의 페르소나의 실제 예시이다. 고객의 이름은 Mr. Big이고, 30세의 유명 헬스 트레이너이며, 한 달 수입은 2,000 RM(링깃), 현시점 대한민국 원화로 대략 60만 원 정도이다. Mr. Big은 활동적이고 열정과 꿈이 많지만 사람과 어울리는 데는 서툰 싱글남이다. 신상 전자제품과 TV와 음식을 좋아하고, 본인 의견보다는 주위의 의견에 따라 의사결정을 하는 스타일이다. Mr. Big의 현재 목표는 결혼을 하고, 본인의 체육관을 운영하여 안정적인 경제력을 갖추고, 사람을 만나는 데 있어서 부끄러움을 없애는 것이다. 이러한 목표 실현을 위해서 좋은 배우자를 소개받았으면 하고, 기업가정신

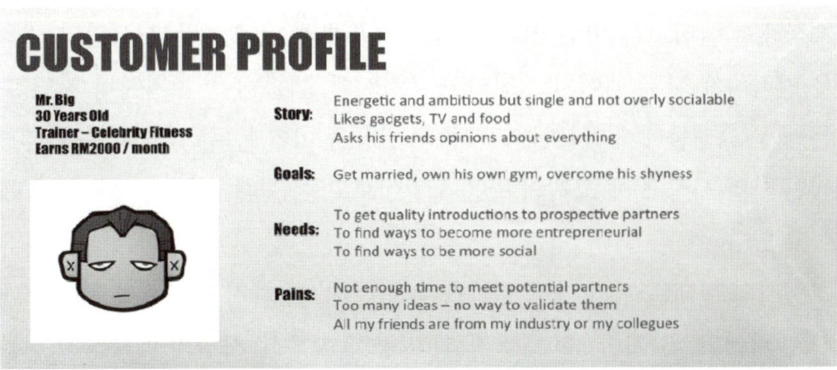

그림 3-3 | 목표 고객(Target Customer)의 페르소나(Persona)

을 더 배울 수 있고, 좀 더 사교적으로 성격을 변화시키고 싶은 니즈가 있다. 하지만 현재 좋은 배우자를 만날 수 있는 시간이 부족하고, 많은 비즈니스 아이디어가 있지만 어떻게 검증할지는 막연하다. 또한 본인의 업계에 있는 친구들 외에는 다른 친구가 없어서 고민이 많다.

이렇게 구체적으로 목표 고객의 페르소나를 만들어 보면, 우리가 하려는 사업 아이템의 성격과 구체적인 서비스를 생각해 볼 수 있고, 디자인 씽킹 공감 인터뷰를 진행하는 데 있어서, 누구를 찾아가서 인터뷰를 하고 체험을 해볼지 어느 정도 구체적인 계획을 세울 수 있다. 자! 이제 우리도 우리의 목표 고객 페르소나를 만들어 보자.

3.5 고객의 문제를 알아보는 다른 방법: 백서와 랜딩 페이지를 만들어 보자

위의 공감 프로세스 외에도 고객의 문제를 알아볼 수 있는 또 다른 방법이 있다. 바로 백서(White Paper)와 간단한 랜딩 페이지(Landing Page)를 제작해서 알아보는 방법이다. 백서는 제품개발 전에 제품과 사업의 내용을 간략하게 한두 페이지로 정리한 문서인데, 이를 주변 투자자나 지인 또는 예상 고객들에게 공유한 후 그들의 반응을 미리 볼 수 있기 때문에 본격적인 사업 시작 전에 고객의 반응을 알아보고 싶을 때, 백서가 유용하게 쓰이고 있다.

백서의 형태는 여러 가지가 있을 수 있는데, 한 가지 예시로서 예전에 내가 준비했던 'AI 기반 3D 프린팅 최적 공정 솔루션' 사업의 백서를 여러분과 공유하고자 한다([그림 3-4] 참조). [그림 3-4]의 예시 백서에는 사업의 전체적인 요약(Overview), 사업을 통해 풀려고 하는 문제(Problem), 문제의 해결 방안(Solution), 시장의 기회(Market Opportunity), 수익 모델(Revenue Model), 시장 진입 전략(Go-to Market), 다른 제품과의 경쟁우위(Competitive Advantages)가 간략하게 설명되어 있다. 또한 그림의 왼쪽에 보면 간략한 회사 관련 정보와 창업자 정보, 연락처, 현재 회사의 투자상태(Seed, Pre-A, Series A 등) 등이 기재되어 있다.

여러분도 이 책에 공개하는 나의 실제 백서를 기반으로 여러분이 창업할 회사의 백서를 만들어 보자. 이를 통해서 여러분이 하려는 회사의 사업 아이템이 시장에서 고객이 진정으로 원하는 비즈니스인지를 투자자나 고객에게 보내서 미리 알아볼 수 있을 것이다.

고객의 니즈를 알아보는 또 다른 방법으로는 랜딩 페이지를 활용하는 방법이 있다. 백서에 있는 내용으로 회사의 제품이나 서비스를 설명하는 간단한 웹페이지를 랜딩 페이지라고 하는데, 이런 랜딩 페이지를 만들어서 고객들에게 랜딩 페이지 링크와 함께 메일을 보낸다. 고객에게 보내는 메일에서는 "몇 개월 후 이러한 제품이나 서비스를 출시할 예정인데 그때 견적서나 서비스 설명을 들어 볼 의향이 있는지"를 랜딩 페이지 링크와 함께 물어보면 된다. 얼마나 많은 긍정적인 답메일이 오는지를 보고서, 지금 계획하고 있는 사업 아이템이 얼마나 고객의 요구나 고객의 소리(Voice of Customer: VOC)에 부합하는지를 알 수 있다. 사업을 본격적으로 시작하기에 앞서, 이렇게 공감이나 백서, 랜딩 페이지를 이용해서 내가 하려는 사업 아이템이 고객의 니즈를 해결할 수 있는 아이템인지 반드시 알아보고 시작하도록 하자.

JDL Ltd. *AI Engine That Optimizes Precision Additive Manufacturing*

Did you know that 3D printing technology can also make AI more useful?

Artificial intelligence can be clearly incorporated into the 3D printing factory and may change the future of manufacturing.

The combination of AI and 3D printing is leading to new exciting applications of additive manufacturing technology.

CONTACT

Yong Jin Yoon, Co-Founder & CEO

Email:

Phone: xxx-xxxx-xxxx

INDUSTRY

Additive manufacturing / Artificial Intelligence/ Cloud SaaS

STAGE: EARLY, RAISING $50K FOR POC

USE OF FUND

- Product/ tech development: 50%
- Customer Discovery: 35%
- Partnership Development: 15%

TEAM

Yong Jin Yoon, Co-founder & CEO: KAIST Prof. (ME)/ NTU-Singapore Adj. Prof. (MAE) in 3D Printing, AI; Serial entrepreneur cofounded Startus Inc. (Korea), Kilsaglobal Pte. Ltd. (Singapore), Greenvale (Korea); Stanford University Ph.D.

OVERVIEW

Leveraging a support vector machine model with only 75 data sets, JDL has developed the first world class machine learning algorithm based on 'Design of Experiments' for photopolymer 3D printing data preparation, of which R^2 is 0.95 and mean square error is 1.2. This technology enables the prediction of material recipe prediction in 3D printing including photopolymerized 3DP product shape prediction, ultimate tensile strength prediction, and glass transition temperature prediction. JDL's AI engine can clearly help improve the printing process and prevent errors. This will always be there to improve the 3D printing process to get the best parts possible.

PROBLEM

Despite the advance of 3D printing technology, there is a significant resource waste in terms of time and capital expenditure in the 3D printing process because of unexpected frequent defects, making 3D model impractical and resulting in the limit of manufacturing scalability. These pain points are mainly attributed to the lack of result prediction and real time process monitoring, and the request of high-level engineering expertise.

SOLUTION

JDL provides small data-driven prediction engine integrated cloud SaaS platform and APIs that optimize 3D printing process. It is easy to deploy and use for addressing challenges of additive manufacturing. The JDL technology platform is comprehensive, unified, and predictable for solving continuous 3D printing result errors. This gives customers a clear path to more than 90% cost reduction in data preparation, prior quality assurance, and ease of engineering, ensuring business continuity.

GLOBAL MARKET OPPORTUNITY

With a TAM of over $3.5B by 2025 growing at CAGR 22.2% and more, 3D printing software industry is an increasing and pressing need for business to address today. To enter the market, JDL is seeking after 3D printing software market in dental and medical applications, SAM, of which market size is over $1.5B. JDL will generate at least $45 revenue by 2025, equivalent to 3% of SAM.

REVENUE MODEL

$600 monthly license fee per user or network, based on business and deployment size. JDL offers multiple services that can be subscribed together or separately. As a multi-tenant, managed services platform, JDL will offer services to more than 6,250 users from 500 partner companies by 2025 including enterprises adopting additive manufacturing, 3D printer OEMs, OEMs in polymer and composites and research institutes.

GO-TO-MARKET

Growth will be driven by current market interest and executed through a combination of direct sales and strategic channel partnerships, VAR of software vendors and the largest 3D printer importer in Korea, PROTECH. Particularly, direct sales to 3D printing focused on-demand manufacturers will be a sizeable and immediate market opportunity for JDL such as Xometry, Fast Radius, Shapeways, EOS, or 3D Systems. In addition, JDL' early customers will be dental product providers in orthodontics,too, as their adoption of 3D printing is high nowadays.

COMPETITIVE ADVANTAGES

- Unlike JDL, most competitors in the 3D printing data preparation software market are not powered by an AI engine, but by a graphic engine.
- JDL has the strongest market solution for material recipe prediction while others are focusing on shape simulation.
- Although there are few other competitors like Senvol and Printsyst implementing ML algorithm, JDL's technology excels in small data Driven ML prediction, unknown material composition discovery, adaptation to new 3d printing functionality, and mechanical property prediction.
- Low total cost of ownership enables deployment from Small business to Large Enterprises.

그림 3-4 ▌백서(White Paper) 예시

3.6 사업 아이템을 선정해 보자(Define and Ideate)

디자인 씽킹 공감 프로세스를 통해 고객의 진정한 문제를 알아냈다. 그런데 이렇게 알아낸 고객의 문제가 너무 많다. 이렇게 많은 문제 중에 우리가 해결 가능한 문제와 솔루션을 정의해야 하는데, 이러한 결정을 하는 데 도움이 되는 도구를 알아보도록 하자.

3.6.1 SWOT 분석

SWOT 분석은 강점(Strength), 약점(Weakness), 기회(Opportunity), 위험요소(Threat)의 앞 글자를 따서 만든 분석이다. 사업 아이템을 선정하는 데 있어서 우리가 가지고 있는 솔루션의 SWOT 분석을 통해, 어떤 사업 아이템이 가장 적합한지를 결정할 수 있다([그림 3-5] 참조).

SWOT Analysis

Design Organization: BURL Bicycles	**Date:** Nov. 11, 2007
Topic of SWOT Analysis: Explore the potential for adding a tandem bicycle to the product line in 2008.	

Strengths:	Weaknesses:
• BURL has the technology to design a top quality tandem bicycle. • BURL's engineers want to do this project. • It will expand the product line. • Market for tandems is growing, although no exact market numbers have been collected. • For the most part, they can be made with current equipment and processes. • We can use our patented suspension to differentiate BURL's tandem from the rest.	• Market for tandems is small, <1% of all bicycle sales. • The profit margin may be smaller than on traditional bikes. • Cost to develop may exceed $40,000. • Pay back time is estimated at 3 years. • It will take 6 months to get to market, missing the current sales season. • A tandem is just different enough to need unique marketing and shipping.
Opportunities:	**Threats:**
• A tandem will open BURL into new markets. • A tandem might allow bike shops that carry BURL to expand business and order more bikes.	• The product is not unique enough to attract customers. • We can't get bike shops to carry them. • It will cost more than $40,000 to develop. • Engineering can't get it to ride like a CLIEN.

Team member: Fred Flemer	Prepared by: Fred Flemer
Team member: Bob Ksaskins	Checked by: Bob Ksaskins
Team member:	Approved by: Betty Booper
The Mechanical Design Process Copyright 2008, McGraw-Hill	Designed by Professor David G. Ullman Form # 11.0

그림 3-5 ‖ SWOT 분석 예시

3.6.2 장단점 분석(Pro-Con Analysis)

장단점 분석은 매우 간단해 보이지만, 지금도 NASA에서 프로젝트를 수행할 때 어떤 프로젝트를 수행할지를 결정하는 데 쓰일 정도로, 의사결정을 하는 데 매우 강력한 도구이다. 장단점 분석은 여러 가지가 있는데, 벤자민 프랭클린의 장단점 분석이 많이 쓰이며, 선택 가능한 솔루션의 장단점을 수치적으로 비교해서 선택하는 방법이다. 여러 가지 장단점 분석 방법 중 많이 쓰이고 있는 벤자민 프랭클린의 장단점 분석의 순서는 아래와 같다([그림 3-6] 참조).

- 1단계: 종이에 두 개의 세로 칸을 만들고 하나는 '장점(pro)', 다른 하나는 '단점(con)'이라고 표시한다.
- 2단계: 대안 솔루션의 모든 장점과 단점으로 열(세로 칸)을 채운다.
- 3단계: 각 장단점의 중요성을 추정한다.
- 4단계: 다음과 같은 방법으로 장단점을 제거한다.
  ① 두 개의 중요도가 거의 같을 때 둘 모두에 × 표시를 한다.
  ② 장점과 단점의 다른 중요도가 있는 경우에는 중요도에 따라 삭제한다(예 두 개의 장점과 네 개의 단점의 중요도가 같다면 장점 두 개와 단점 네 개를 함께 삭제).
- 5단계: 장점과 단점 중 지배적인 결정에 따라 선택한다.

이 외에도 Decision Matrix 등 여러 가지 의사결정 도구들이 있는데, 위 두 가지 도구가 가장 쓰기 편하고 강력하기 때문에 여기에 소개해 보았다. 앞으로 사업 아이템을 결정하는 데 한번 써보도록 하자.

Pro-Con Analysis

Design Organization: BURL Bicycles	**Date:**
Topic of Pro-Con Analysis: Should BURL market a tandem bicycle?	

Pro:	Con:
• BURL has the technology to design a top-quality tandem bicycle. • BURL's engineers want to do this project. • It will expand the product line. • Market for tandems is growing, although no exact market numbers have been collected. • For the most part they can be made with current equipment and processes. • We can use our patented suspension to differentiate BURL's tandem from the rest. A tandem will open BURL into new markets. • A tandem might allow bike shops that carry BURL to expand business and order more bikes.	• Market for tandems is small, <1% of all bicycle sales. • The profit margin may be smaller than for traditional bikes. • Cost to develop may exceed $40,000. • Pay-back time is estimated at 3 years. • It will take 6 months to get to market, missing the current sales season. • A tandem is just different enough to need unique marketing and shipping. • The product is not unique enough to attract customers. • We can't get bike shops to carry them. • It will cost more than $40,000 to develop. • Engineering can't get it to ride like a BURL.

Team member: Fred Flemer	Prepared by: Fred Flemer
Team member: Bob Ksaskins	Checked by: Bob Ksaskins
Team member:	Approved by: Betty Booper
The Mechanical Design Process Copyright 2008, McGraw-Hill	Designed by Professor David G. Ullman Form # 9.0

그림 3-6 ❙ 장단점 분석 예시

3.7 고객의 문제해결을 위한 아이디어 발굴 도구들

회사가 풀어야 할 고객의 문제를 공감(Empathize)과 정의(Define)를 통해 알아냈다면, 이를 해결해야 할 솔루션, 즉 비즈니스 모델을 만들어야 한다. 보통 고객이 해결하고 싶어 하는 절실한 문제는 아직 적합한 솔루션이 나오지 않은 어려운 문제일 수 있어서, 우리는 이러한 문제를 풀 수 있는 아이디어를 발굴해야 하는데, 그냥 앉아서 아무 계획 없이 아이디어를 생각해 내기는 매우 어렵다. 이에 따라 이러한 아이디어 발굴을 하는 데 여러 가지 도구들이 있는데, 그 도구들을 잠깐 알아보자. 크게 기본적인 방법(Basic Methods)과 논리적인 방법(Logical Methods)으로 나누어 보았는데, 설명하자면 아래와 같다.

기본적인 아이디어 발굴 방법은 ① 브레인스토밍(Brain Storming), ② 스캠퍼(SCAMPER), ③ Extreme & Inverse, ④ 자연 모사(Biomimetic), ⑤ 아이디어 또는 마인드 맵핑(Idea/Mind Mapping), ⑥ 형태학적 분석(Morphological Analysis), ⑦ 만달 아트(Mandal-Art) 등이 있다. 또한 논리적인 아이디어 발굴 방법은 트리즈(TRIZ)나 관련 논문 및 특허를 심층적으로 연구해서 얻어낼 수 있는 방법이 있다. 이 중에서 내가 실전 창업 수업이나 실제 창업을 시작할 때 자주 쓰는 몇 가지 아이디어 발굴법에 대해서 좀 더 알아보도록 하자.

3.7.1 브레인스토밍(Brain Storming)

내가 가장 자주 사용하는 아이디어 발굴법은 브레인스토밍인데, 브레인스토밍은 수행하기 쉬우면서도 매우 강력한 도구이다. 브레인스토밍의 목적은 팀이 미처 생각하지 못한 아이디어나 솔루션을 발굴하는 것이기 때문에, 통념에서 벗어난(Out of the box) 생각들을 마치 폭풍(Storming)이 몰아치듯이 자유롭게 쏟아낸 후, 가능한 솔루션을 정리해서 팀과 공유하는 것이다. 내가 진행하는 실전 창업 수업에서도 아이디어 발굴을 위해서 브레인스토밍을 많이 사용하는데 수업에서 학생들에게 브레인스토밍을 가르칠 때 아래와 같이 정의한다.

브레인스토밍이란 "구성원들이 자발적으로 제공한 아이디어 목록을 수집하여 특정 문제에 대한 결론을 찾기 위해 노력하는 그룹의 창의성을 극대화하기 위한 기법"이다(Brainstorming is a "group creativity technique by which efforts are made to find a conclusion for a specific problem by gathering a list of ideas spontaneously contributed by its members".)([그림 3-7] 참조).

이와 같이 브레인스토밍은 생각하지 못한 아이디어를 얻기 위한 기법으로 보통 팀이나 그룹에서 행해지지만, 혼자 하는 브레인스토밍도 있다. 브레인스토밍은 해결하려고 하는 문제의 모든 제약에서 벗어나서, 가능한 자유롭게 많은 솔루션을 제안하는 아이디어 발굴 방법으로서, 참여하는 각 멤버의 창의성을 자극하여 극대화하고, 타인의 아이디어에 적극적으로 개입하여 더욱 창의적인 아이디어를 발굴하는 과정이다([그림 3-8] 참조).

더욱 창의적인 아이디어 발굴을 위해서 브레인스토밍에 참가하는 멤버 구성이 매우 중요하다. 따라서 브레인스토밍 멤버를 구성할 때에, 해결하

그림 3-7 | 브레인스토밍을 수행하는 모습

그림 3-8 | 브레인스토밍 아이디어 발굴: 서로의 아이디어를 조합하고 발전

려 하는 문제와 관련이 없는 사람을 포함시켜 멤버를 구성하는 것이 더 참신한 아이디어를 발굴하는 데 많은 도움이 된다. 예를 들어 기술적인 문제의 아이디어 도출을 위해 브레인스토밍을 할 때, 음악 동아리 친구, 배드민턴 코치, 단골 음식점 사장님 등을 초대하여 그룹을 구성하는 것을 추천한다. 또한 그룹 구성을 할 때, 참여 멤버 간 계층구조를 이루어서는 안 되며 가능한 동등하게 구성해야 자유로운 아이디어 도출이 가능하다. 예를 들면 교수님과 제자, 사장과 직원 등 이해관계자들이 함께 모여서 브레인스토밍을 한다면, 100% 자유로운 아이디어를 내는 데 걸림돌이 될 수도 있다.

이렇게 멤버가 구성되었다면, 효과적인 브레인스토밍을 위해서 아래 네 가지 사항을 준비하고 브레인스토밍을 시작해 보자. 예상했던 것보다 더 많은 창의적인 아이디어를 낼 수 있을 것이다.

- 아이디어가 떠오를 때마다 기록한다.
- 관찰한 것들을 기록한다.
- 창의적인 생각을 위해 시간 제한을 둔다.
- 창의적인 아이디어를 얻기 위해 특정한 장소와 시간을 할당한다.

성공적인 브레인스토밍을 위해 팀원들이 염두에 두어야 할 네 가지 항목이 있는데, 이를 알렉스 오스본은 아래와 같이 정리했다.

- 제안된 아이디어에 대한 비판을 하면 안 된다.
- 자유 분방함(Freewheeling)을 추구한다.
- 아이디어의 질(Quality)보다는 양(Quantity)을 추구한다.
- 서로 아이디어를 조합하고 발전시킨다.

또한 브레인스토밍을 수행할 때 효과적인 아이디어 발굴을 위해서 팀원

간에 약속을 해야 하는데, 이를 정리하자면 아래와 같다.

- 어떤 참가자도 제시된 아이디어를 비판할 수 없으며, 황당한 제안을 비판하는 용어를 사용해서는 안 된다.
- 새로 제시된 아이디어는 다른 참가자들이 다시 채택할 수 있고 이를 마음대로 수정할 수 있다.
- 모든 아이디어는 기록하거나 녹음하도록 한다.
- 모든 아이디어 제안은 구체적인 솔루션이 나올 수 있도록 충분히 구체적이어야 한다.
- 브레인스토밍에서 제안된 아이디어의 실용성이나 현실 가능성은 무시해야 한다.

브레인스토밍 이외에도 여러 가지 기본적인 아이디어 발굴법이 있는데, 내 경험상 다른 방법보다 브레인스토밍을 통해서 혁신적인 아이디어가 많이 제안되어서, 브레인스토밍을 보통 추천하는 편이다.

3.7.2 스캠퍼(SCAMPER)

내가 두 번째로 많이 쓰는 방법은 스캠퍼인데, 브레인스토밍으로도 괜찮은 아이디어가 잘 안 나오는 경우에 주로 쓰는 방법이다. 스캠퍼는 아이디어를 도출하는 일곱 가지 방법의 알파벳 앞 글자를 따와서 만든 용어인데 각각의 방법은 아래와 같다.

- S(Substitute, 대체): 상황, 사물 또는 개념의 일부를 제거하고 다른 것으로 대체한다.

- C(Combine, 결합/융합): 두 개 이상의 요소를 결합 또는 강제로 융합하고, 이러한 융합이 솔루션으로 나아갈 수 있는 방법을 제시한다.
- A(Adapt, 적용): 문제의 일부를 변경하여 이전에는 풀리지 않았던 부분이 해결되도록 한다.
- M(Modify, 수정): 문제의 속성을 고려하여 필요한 경우 임의로 변경한다. 문제의 속성에는 제품의 크기, 모양, 기타 치수, 질감, 색상, 태도, 위치 등이 포함된다.
- P(Purpose, 목적): 문제를 풀기 위한 솔루션이 무엇을 위해 사용되는지 분석한 후에, 새롭고 특이한 목적의 솔루션을 제안한다.
- E(Eliminate, 제거): 솔루션의 일부 또는 전체 요소를 임의로 제거하고 단순화하여 핵심 기능으로 축소한다.
- R(Reverse or Rearrange, 전환이나 재정렬): 솔루션의 방향을 전환해 본다. 의도한 방향 또는 사용하려는 방향에 대해 거꾸로 뒤집어서 제안해 본다.

3.7.3 아이디어 맵핑(Idea Mapping)

브레인스토밍이나 스캠퍼 외에 마지막으로 자주 사용하는 방법이 아이디어 맵핑인데 이에 대해서 알아보자.

아이디어 맵핑은 마인드 맵핑에서 파생된 아이디어 전개 방법론으로 마인드 맵핑과 유사한 아이디어 도출 방법론이다. 아이디어 맵핑은 아이디어의 분기와 발산을 통해 아이디어를 확장하고 이를 추적할 수 있다. 아이디어 맵핑의 모양은 방사형으로 그려지는데, 맵핑을 통해 가장 유효하고 가능성 있는 아이디어가 어떤 것인지 판별할 수 있다([그림 3-9] '우리집 가든을 망쳐놓는 이웃집 닭을 처리하기 위한' 아이디어 맵핑 예시).

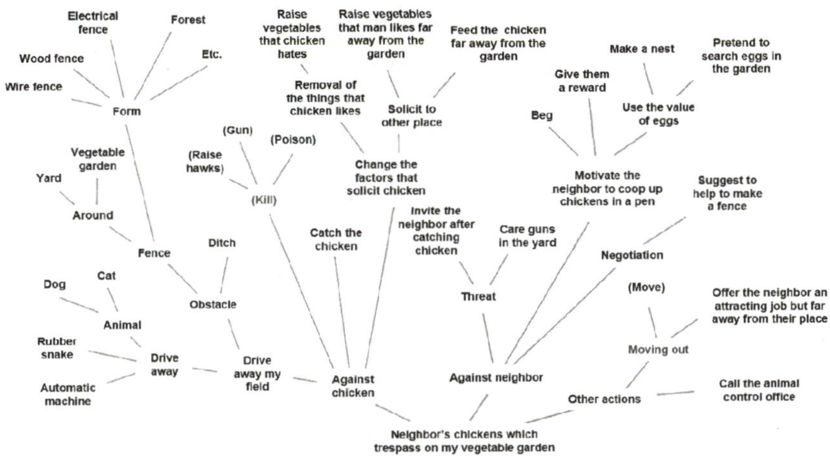

그림 3-9 ▌ 아이디어 맵핑 예시

지금까지 아이디어를 도출할 수 있는 몇몇 방법들에 대해서 알아보았다. 실제로 여러분들이 해결하고자 하는 고객 문제의 솔루션, 즉 사업 아이템 발굴을 위해서 적용해 보고 사용해 보자.

3.8 One-liner를 만들어 보자

이제 사업의 아이템이 어느 정도 윤곽이 잡혔다면, 이를 한 문장으로 만들어 보는 작업을 해보자. 이를 One-liner라고 하는데, One-liner는 쉽게

"내가 하려는 사업의 한 줄 요약"이라고 생각하면 된다. 이런 One-liner에는 사업의 핵심 키워드를 빼놓지 않고 담아야 한다.

많은 경영대학원(MBA)이나 스타트업 부트캠프(Bootcamp)에서는 엘리베이터 피치(Elevator Pitch)를 간혹 연습하고는 한다. 엘리베이터 피치는 우리가 엘리베이터에서 투자자를 만났다고 가정하고, 그 투자자가 엘리베이터에서 내리기 전까지의 극히 짧은 시간 동안 나의 사업을 설명해서 투자자를 설득해야 하는 일종의 '상황극'인데, 엘리베이터 피치의 요점은 "극도로 짧은 시간 안에 나의 사업 모델을 투자자 또는 타인에게 제대로 설명할 수 있는가?"이다.

본인의 사업을 투자자에게 설명하는 방법은 여러 가지가 있는데, 대부분의 투자 설명은 투자를 위한 회사 소개 자료를 가지고 10분 정도의 프레젠테이션을 하는 IR(Investor Relations) 피치라고 할 수 있다. 하지만 엘리베이터 피치처럼 짧은 시간에 One-liner의 형태로 회사를 소개하는 경우도 있기 때문에, 사업의 방향과 서비스가 정해졌다면 아래와 같은 One-liner를 만들어 보는 것은 사업을 준비하는 데 많은 도움이 된다.

| One-liner 구성요소 |

"(company name) is developing (a defined offering) to help (a target customer) by providing (problem solution) with (competitive ingredient)."

| One-liner 예시 |

(JDL) is developing (on-line based all-in-one marketplace) to help (language learner) by providing (real-time language exchange partner matching service) with (machine-learning matching algorithm).

이렇게 One-liner를 작성했다면 이제 투자 유치를 위한 회사 설명 자료인 IR Pitch Deck을 만들 준비가 되었다. One-liner에서 쓰인 사업의 핵심 키워드들은 IR Pitch Deck의 표지 슬라이드에 들어가는 사업을 설명하는 핵심 구절에 쓰이기 때문이다. 시작이 반이라고 하니 벌써 IR Deck의 반은 끝낸 셈이다.

3.9 고객의 소리(VOC)에 맞춘 제품개발을 위한 도구: QFD

우리는 지금까지 디자인 씽킹 공감 프로세스를 통해서 고객의 숨겨진 문제점을 알아냈고(디자인 씽킹의 공감과 정의 단계), 이를 해결할 솔루션을 찾아냈다(디자인 씽킹의 Ideation 단계). 이제 우리는 고객의 진정한 문제점을 해결해 줄 제품을 만들어서(디자인 씽킹의 Prototyping 단계) 시장에 내놓아 우리 회사가 내놓은 솔루션 또는 제품이 고객의 언맷니즈(Unmet Needs)를 충족시키는 제품인지를 확인하는 과정이 필요하다. 이는 디자인 씽킹의 마지막 단계인 테스트(Market Test) 단계인데, 한층 업그레이드된 다음 버전의 제품을 만들기 위한 디자인 씽킹의 핵심인 반복(Iteration) 과정의 시작이기도 하다.

이제 우리 회사는 많은 시간과 비용을 들여서 제품을 만들 준비가 되었다. 그런데 만일 우리가 고객의 소리(Voice of Customer: VOC)를 만족시키지 못하는 엉뚱한 제품을 만들게 된다면, 결국 우리 스타트업은 회생 불가능한 상태가 되고, 후에 막대한 빚과 어려움에 허덕이게 될 것이다. 이러한 불행한 일이 발생하지 않도록 우리는 최대한 VOC를 충족하는 높은 수준의 퀄리티를 가진 제품을 만들어야 하는데, 이를 위한 도구를 소개하고자 한다. 이는 1970년대에 요지 아카오(Yoji Akao) 박사가 개발한 품질기능전개(Quality Function Development: QFD)이다.

간단히 말하자면, QFD는 "고객의 소리(VOC)를 우리가 만들고자 하는 제품의 설계 특성 및 목표값으로 변환"하여 제품을 개발하기 위한 체계적인 방법론이다. QFD를 작성하기 위해 수행해야 할 기본적으로 준비해야 할 항목은 다음과 같다.

- 고객의 소리를 듣는다(Hearing the voice of the customers).
- 제품의 사양 또는 목표를 정의한다(Developing the specifications or goals for the product).
- 제품의 사양이 고객의 요구 또는 문제를 어떻게 만족시키는지를 알아낸다(Finding out how the specifications measure the customers' desires).
- 경쟁제품이 목표를 얼마나 잘 충족하는지를 수치화한다(Determining how well the competition meets the goals).
- 우리 제품이 달성해야 하는 수치적인 목표를 설정한다(Developing numerical targets to work toward).

이러한 기초 조사를 마쳤다면, 다음과 같은 QFD를 작성하면 되는데, 이를 'House of Quality'라고 한다([그림 3-10] 참조).

[그림 3-10]에서 볼 수 있듯이 QFD는 8가지 요소로 구성되어 있다. QFD는 1번에서 8번 순서(Step)로 작성하는데, 각각의 순서에 들어갈 내용은 다음과 같다.

- Step 1. Who: 우리의 고객은 누구인가?

- Step 2. What: 고객이 필요한 것은 무엇인가?
- Step 3. Who vs. What: 고객과 고객의 요구 간의 상관관계
- Step 4. Now: 기존에 있는 제품, 즉 경쟁제품과 우리 제품의 비교

  Now vs. What: 경쟁제품과 우리 제품이 고객의 요구사항을 얼마나 만족시키는가?
- Step 5. How: 기술적 스펙, 즉 제품 사양

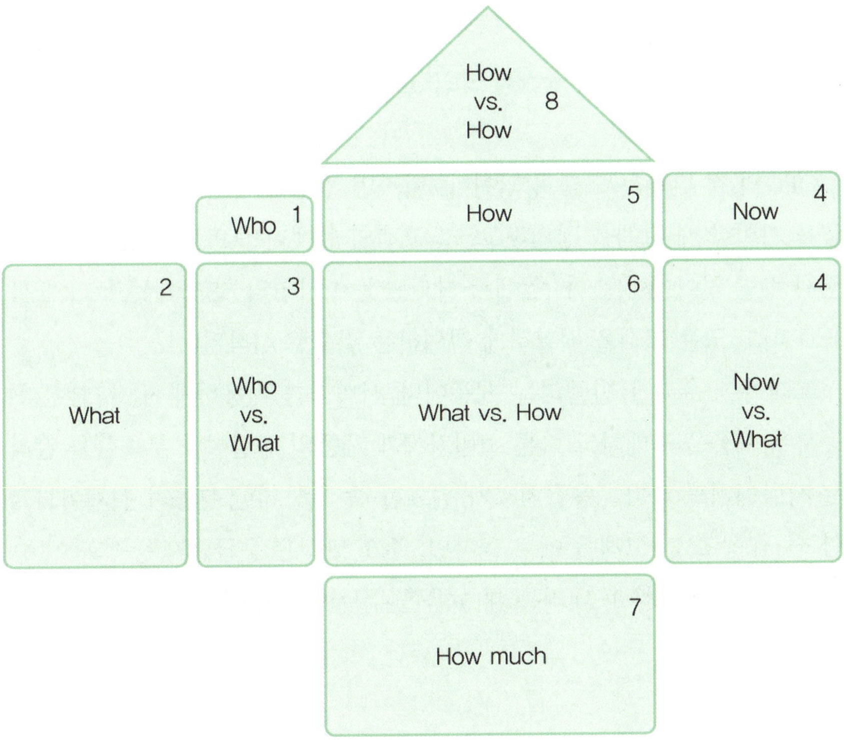

출처: Copyright ⓒ The McGraw-Hill Companies, Inc. Permission required for reproduction or display.

그림 3-10 ▌ QFD의 구성: 'House of Quality'

- Step 6. What vs. How: 제품 사양과 고객 요구사항 간의 관계, 중요도
- Step 7. How much: 제품 사양의 중요도
- Step 8. How vs. How: 제품 사양 간의 관계(시너지 또는 상충관계)

그럼 각각의 Step에 따라 어떻게 QFD를 작성하는지 예시를 통해서 알아보도록 하자.

3.9.1 QFD Step 1. Who: 우리의 고객은 누구인가?

QFD의 첫 단계는 고객 정의이다. 디자인 씽킹과 마찬가지로 우리는 제품을 기획할 때 고객을 정의하고, 그 고객의 언맷니즈(또는 진정한 고객의 문제점)를 찾아내야 한다. 앞에서 살펴봤듯이 사업의 첫 단계는 우리가 목표로 하고 있는 고객을 정확하게 정의하는 것으로 시작된다.

고객이란 우리가 만들려는 제품이나 서비스를 사용하게 될 사람이다. 동시에 제품을 구매하고 다른 소비자에게 제품의 품질이나 부족함을 알리는 사람이기도 하다. "응급치료가 필요한 승객을 위한 항공기 휠체어"([그림 3-11] 참조)의 고객을 예로 들자면, 주요 고객은 응급환자 승객과 이 승객을 비행기에 태우고 내리는 데 도움을 주는 항공사 직원일 것이다.

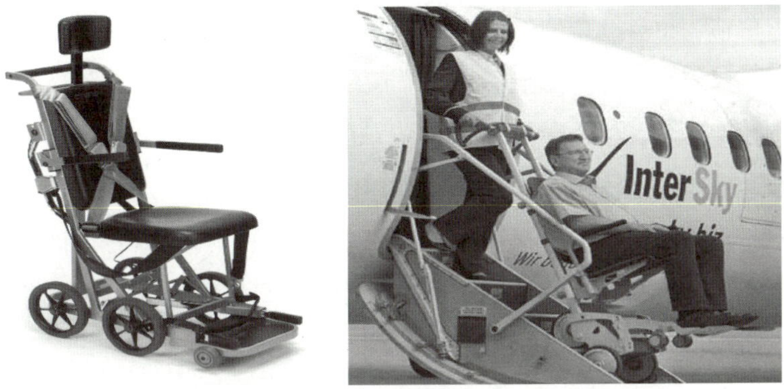

그림 3-11 | 응급환자 승객을 위한 항공기 비상 휠체어

3.9.2 QFD Step 2. What: 고객이 필요한 것(원하는 것)은 무엇인가?

QFD의 두 번째 단계는 디자인 씽킹의 첫 번째 단계인 공감 단계로서 고객의 니즈를 파악하는 것이다. 즉 고객이 진정 필요로 하는 것이 무엇인지(What)를 알아내는 것이다. 앞서 소개한 디자인 씽킹의 공감 단계를 그대로 적용해서 'What'에 해당하는 부분을 채워주면 된다.

QFD의 1단계를 통해서 타깃 고객(Target Customer)을 정의했다면, 타깃 고객이 원하는 제품을 제작하기 위해서 회사는 고객이 무엇을 원하는지 알아내야 한다. 이를 위해서 실제 제품을 사용할 고객들의 소리 또는 의견(VOC)을 취합하는 과정이 필요하다. 예를 들면 항공기 비상 휠체어의 경우에도 실제로 휠체어를 이용할 탑승객과 항공사 직원 중에서 핵심 이용 고객을 선정한 후에 디자인 씽킹의 공감 프로세스를 통해 고객의 문제를 알아내면 된다. 예를 들면 이러한 공감과정을 통해 도출한 항공기 비상 휠체어의 고객의 소리(VOC)는 아래와 같을 것이다.

- 휠체어의 좌석 높이를 비행기 좌석과 일치시켜 승객이 쉽게 다른 좌석으로 이동할 수 있도록 해야 한다.
- 휠체어에 앉으면 움직이기 쉽고 안정적이어야 한다.
- 휠체어는 모든 항공기 통로에 맞아야 한다.
- 응급환자 승객은 항공사 직원의 도움을 받아 항공기 좌석에서 휠체어 의자로 미끄러질 수 있을 만큼 두 사람 모두에게 좋은 위치를 잡을 수 있어야 한다.
- 사용자 모두는 휠체어로 가능한 한 빨리 이동하기를 원한다.
- 휠체어를 좌석 옆에 배치하기 쉽고 휠체어가 미끄러지지 않도록 해야 한다.

이러한 고객의 소리 초안이 수집되면, 중복된 의견과 중요도에 맞추어 아래와 같이 정리해서 QFD의 What 부분을 채워 넣을 수 있다.

① 항공기 비상 휠체어 사용 전 고객의 소리
- 좌석 높이를 쉽게 조정할 수 있어야 한다.
- 휠체어 설치가 편리해야 한다.

② 휠체어로 승객 이동 시 고객의 소리
- 사용자 모두를 위한 최소한의 노력이 들어야 한다.
- 사용자 모두를 위한 리프팅 위치가 좋아야 한다.
- 휠체어로 승객을 이동시키는 데 최소한의 시간이 걸려야 한다.

3.9.3 QFD Step 3. Who vs. What: 고객과 고객의 요구 간의 상관관계를 수치화하자

QFD의 세 번째 Step인 'Who vs. What'에서는 타깃 고객(Who)과 고객의 요구사항(What) 각각의 중요도를 정량적으로 수치화하여 평가한다. 각 고객 요구사항에 대한 가중치(예를 들면 요구사항을 달성하기 위해 얼마나 많은 노력, 시간 및 비용을 투자해야 하는지 등)를 주어 요구사항을 얼마나 고객이 필요로 하는지를 표시한다. 항공기 비상 휠체어 개발의 경우, QFD Step 3을 [그림 3-12]에 표시하였으니 참고해 보자.

[그림 3-12]와 같이 상관관계는 보통 1~10의 척도(10: 중요, 1: 중요하지 않음)로 나타낸다. 만일 요구사항이 너무 많은 경우에는 큰 요구사항 그룹을 작은 그룹으로 나누고 각각에 가중치를 부여한 다음 다시 수치화하는 것이 좋다.

3.9.4 QFD Step 4. Now와 Now vs. What: 경쟁 제품과 우리 제품이 고객의 요구사항을 얼마나 만족시키는가?

QFD의 네 번째 단계는 '경쟁제품 분석'이다. 이 단계에서 타깃 고객의 요구사항(What)을 우리 제품과 경쟁제품이 얼마나(How) 만족시키는지를 수치화하여 비교한다. 경쟁사의 제품의 만족 정도를 1~5점(1: 고객의 요구를 전혀 만족하지 못함, 5: 고객의 요구를 모두 만족함)으로 표기해서 수치화한다. 이 단계를 통해서 경쟁제품의 단점을 파악하고 이를 우리 제품의 경쟁력 우위를 위한 개발 방향으로 설정할 수 있기 때문에, Step 4는 제

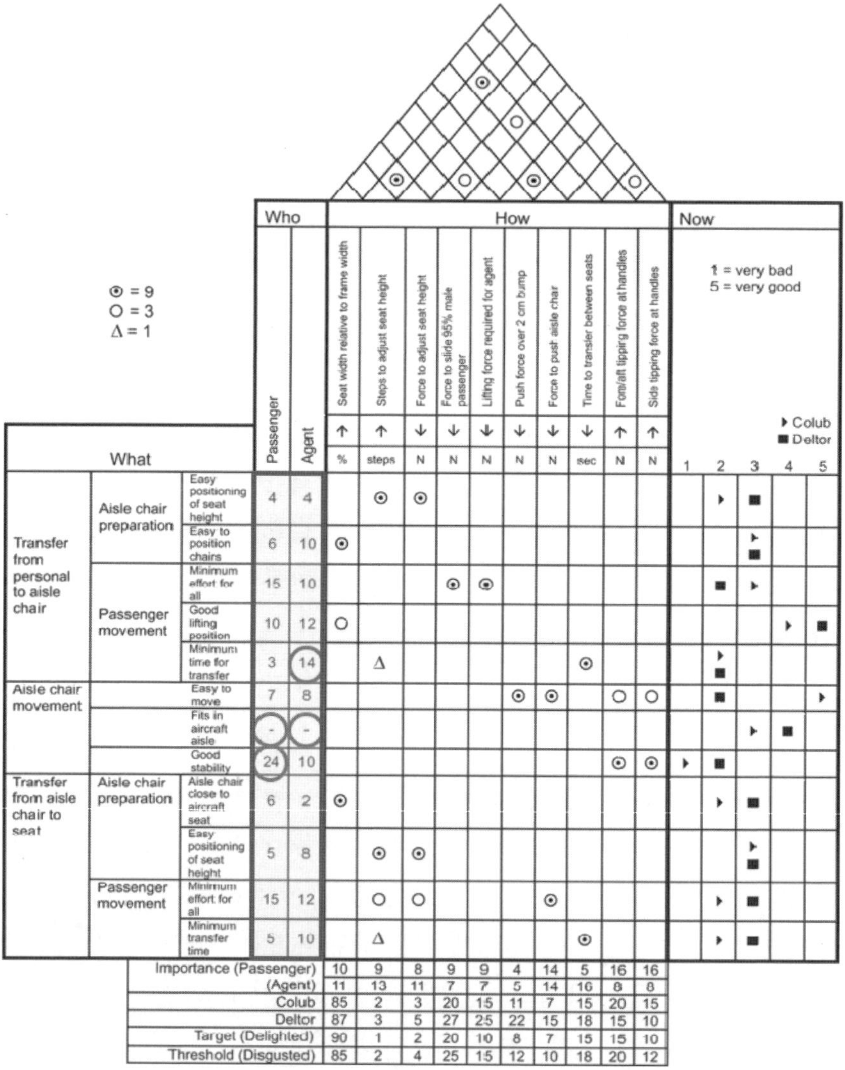

그림 3-12 ‖ QFD Step 3. Who vs. What: 타깃 고객(Who)과 고객의 요구사항(What) 간의 상관관계, 중요도 예시

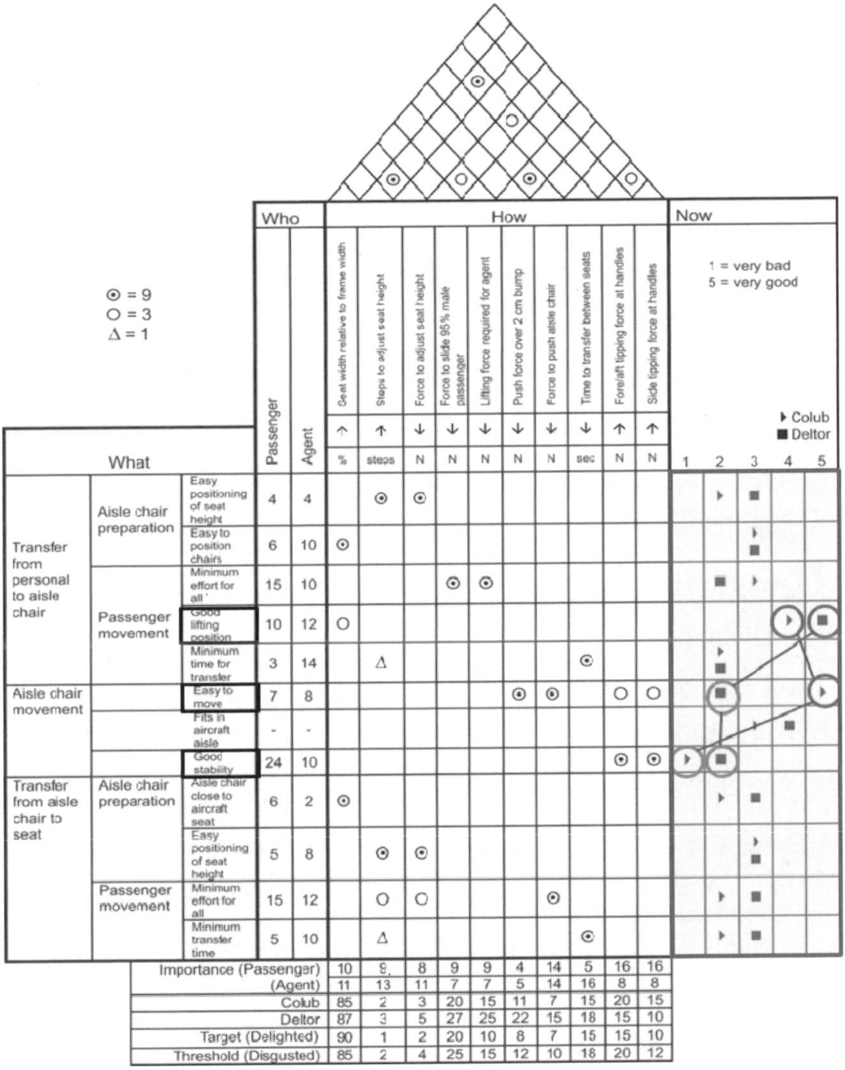

그림 3-13 ▎ QFD Step 4. Now와 Now vs. What: 경쟁제품과 우리 제품이 고객의 요구사항을 얼마나 만족시키는지에 대한 예시

품개발에 있어서 매우 중요한 단계라고 할 수 있다. 이해를 돕기 위해서 항공기 비상 휠체어 개발의 경우의 QFD Step 4 작성 예시를 [그림 3-13]에 표시하였으니 참고해 보자.

3.9.5 QFD Step 5. How: 고객의 요구를 만족시키기 위한 제품의 사양, 스펙을 작성해 보자

QFD의 다섯 번째 단계는 'How'로서 고객의 요구를 어떤(How) 기술적인 사양, 즉 스펙(Specification)을 적용하여 만족시켜 줄 수 있는지 작성하는 단계이다. 간단히 말하면 이 단계에서는 고객의 요구사항인 VOC(Voice of Customer)를 개발자의 언어(Voice of Engineer)로 전환하는 단계라고 보면 된다.

예를 들면 Step 2에서 조사한 항공기 비상 휠체어의 VOC 중 "휠체어 설치가 편리해야 한다"는 기능을 구현하기 위해서는 ① 휠체어를 설치하는 데 몇 번의 단계가 필요한지, ② 휠체어를 설치하는 데 얼마나 시간이 걸리는지, ③ 휠체어의 부품은 몇 개인지, ④ 휠체어 설치에 필요한 장비는 몇 개인지 등을 개발자의 언어인 기술적인 스펙으로 표현하면 된다. QFD의 Step 5에서는 기술적인 스펙을 반드시 정량적인 단위(초, 횟수, 길이, % 등)로 기술하여야 한다.

3.9.6 QFD Step 6. What vs. How: 제품의 사양과 고객의 요구사항 간의 관계(중요도)를 파악해 보자

QFD의 여섯 번째 단계에서는 제품의 사양(How)과 고객의 요구사항(What) 사이의 관계(중요도)에 대해서 작성하면 된다. [그림 3-14]에서와 같이 How와 What 사이의 관계의 중요도를 심벌을 통해서 표현하는데, 이를 아래와 같은 심벌을 사용해서 표현하면 된다.

⦿ = 9: How와 What 사이의 관계가 매우 높음

○ = 3: How와 What 사이의 관계가 중간 정도임

Δ = 1: How와 What 사이의 관계가 약함

빈칸: How와 What 사이의 관계가 전혀 없음

만일 QFD의 Step 6에서 고객의 요구사항(What)과 제품의 기술적인 사양(How)의 상관관계의 중요도가 대부분 중간 정도(○) 또는 약한 것(Δ)으로 나오게 된다면, 고객의 요구사항을 만족시키지 못하는 제품이라는 의미이기 때문에 전면적으로 제품의 사양(How)을 다시 검토하여 준비해야 한다.

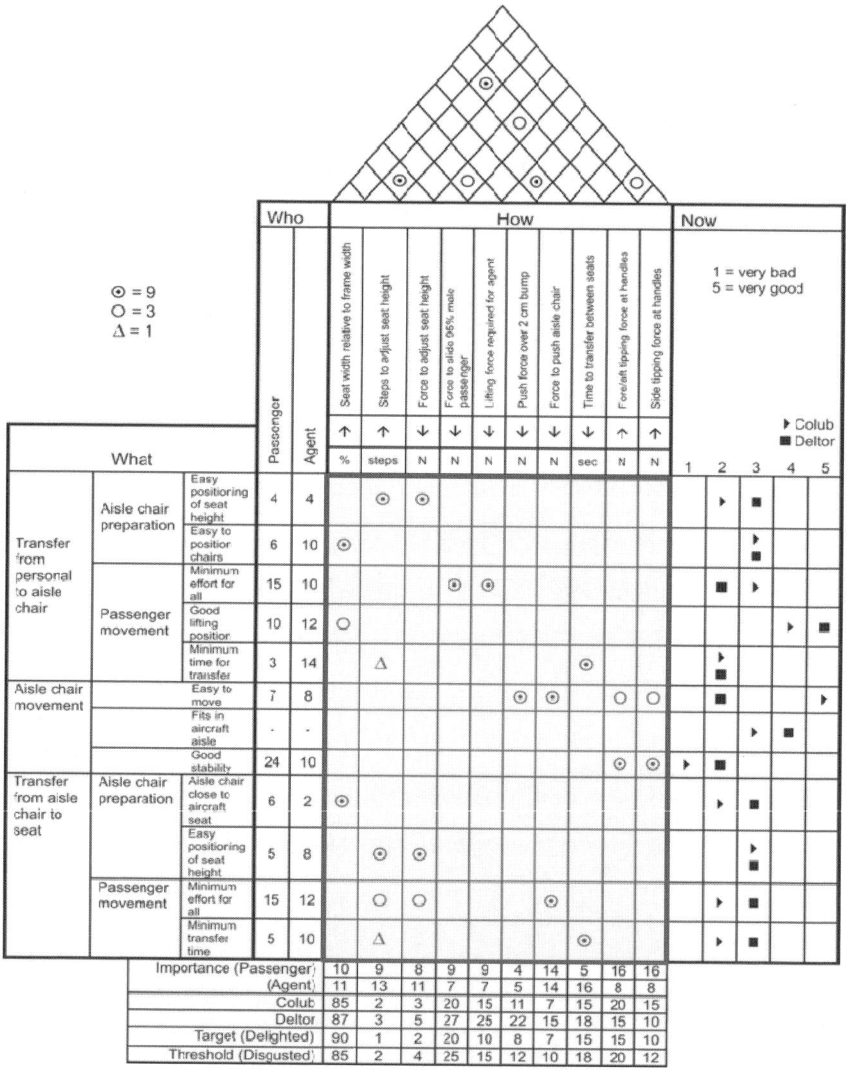

그림 3-14 ❙ QFD Step 6. What vs. How: 제품 사양과 고객 요구사항 간 관계 (중요도) 예시

3.9.7 QFD Step 7. How much: 제품 사양(How)의 중요도를 수치화하자

이제 QFD의 거의 마지막 단계까지 왔다. QFD의 Step 7에서는 우리 제품과 경쟁제품의 사양이 고객에게 얼마나 중요한지를 수치적으로 계산할 것이다. 제품 사양(How)의 중요성을 수치화하는 것을 쉽게 이해하기 위해서 항공기 비상 휠체어의 House of Quality 예를 들어 알아보도록 하자. Step 5에서 작성한 제품 사양 중 두 번째 사양인 "의자 높이를 조절하기 위한 절차, Step to adjust seat height"의 중요도는 아래와 같이 계산할 수 있다([그림 3-15] 동그라미 부분, 9%).

QFD step 1에서 항공기 비상 휠체어를 이용하는 두 고객 그룹을 정의했듯이, 한 그룹은 휠체어를 이용할 승객(Passenger)이고, 다른 그룹은 승객이 휠체어를 사용하는 데 도움을 주는 승무원(Agent)이다. 이 중에서 Step 7을 통해서 승객이 휠체어를 이용할 때 "의자 높이를 조절하는 절차"라는 제품 사양의 중요도가 9%라고 [그림 3-15]에 표시되어 있는데, 이를 계산해 보도록 하자.

① 먼저 Step 6에서 구한 승객의 요구사항(What)과 휠체어 사양(How)에 대한 중요도를 파악한다. 두 번째 제품 사양인 "의자 높이를 조절하는 절차"에서는 이 중요도가 매우 관계가 높음(⊙=9점) 두 개, 중간관계(○=3점) 한 개, 약한 관계(Δ=1점) 한 개이며 나머지 항목은 관계가 없음(0점)을 알 수 있다.

② 이를 Step 3에서 구한 고객(Who)과 고객의 요구사항(What) 사이의 중요도 점수와 곱하여 합산한다.

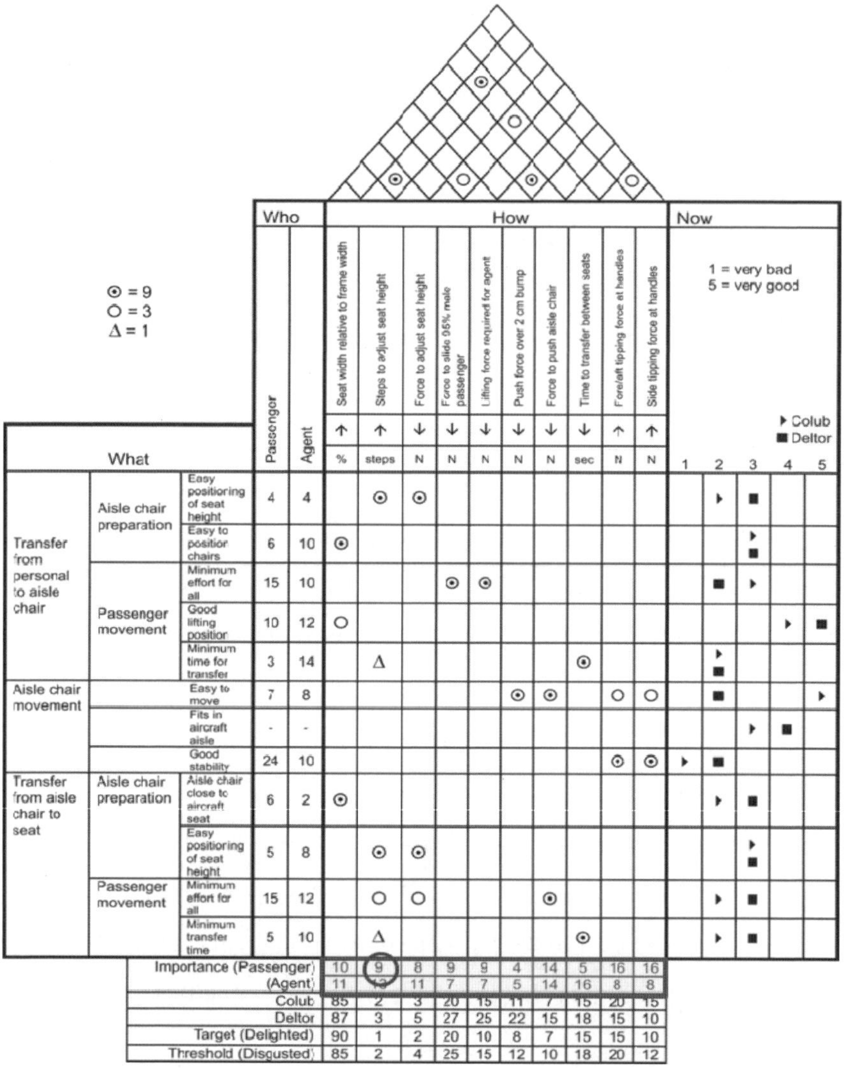

출처: Copyright ⓒ The McGraw-Hill Companies, Inc. Permission required for reproduction or display.

그림 3-15 ‖ Step 7. How much: 제품 사양(How)의 중요도에 대한 수치화 예시

즉 (4 × 9) + (6 × 0) + (15 × 0) + (10 × 0) + (3 × 1) + (7 × 0) + (24 × 0) + (6 × 0) + (5 × 9) + (15 × 3) + (5 × 1) = 134가 된다.

③ 이와 같은 방법으로 각각의 제품 사양(How)에 대해서 승객이 생각하는 전체 중요도를 계산하여 합산하면 1,475점임을 알 수 있다. 따라서 두 번째 제품 사양인 "의자 높이를 조절하는 절차"의 중요도는 134/1,475 즉, 9%의 중요도로 계산된다.

이렇게 QFD Step 7의 첫 부분인 제품 사양의 중요도(Importance)를 수치화할 수 있다.

Step 7의 다음 항목은 얼마나 경쟁제품이 제품 사양을 만족시키는지를 수치화해서 표시한다. 항공기 비상 휠체어의 경우 경쟁사 제품으로는 Colub사의 제품과 Deltor사의 제품이 있는데, 고객의 만족도의 최대치를 100점으로 했을 때, Colub사는 85점, Deltor사는 87점임을 보여주고 있다([그림 3-15] 참조). 이러한 점수는 경쟁사 조사를 통해서 구할 수 있는데, 보통 리포트나 문헌조사를 통해서 수치를 조사한다.

마지막으로 우리 제품이 달성해야 할 만족도 점수를 설정하고, 이를 위해서 각 사양의 만족도 점수를 목표로 설정한다. [그림 3-15]의 예시에서 우리 제품이 달성해야 할 만족도의 최대 목표치는 90점(Delighted Target), 최소치는 85점(Disgusted Threshold)이다.

3.9.8 QFD Step 8. How vs. How: 제품 사양 간의 관계

QFD의 마지막 단계인 'How vs. How'를 알아보자. 이는 House of Quality

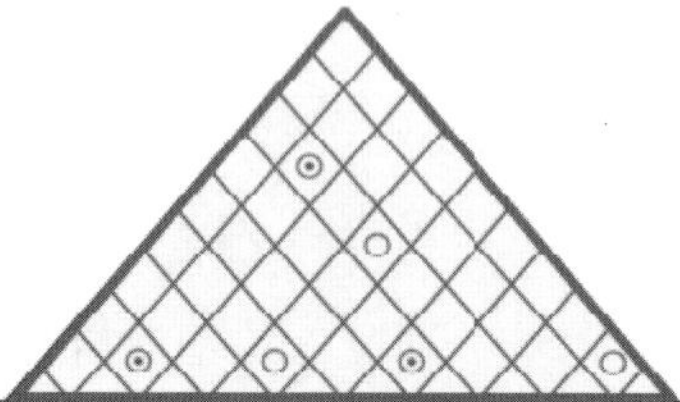

⊙ = 9
○ = 3
Δ = 1

Now: 1 = very bad, 5 = very good; ▸ Colub, ■ Deltor

What			Who: Passenger	Who: Agent	How: Seat width relative to frame width	How: Steps to adjust seat height	How: Force to adjust seat height	How: Force to slide 95% male passenger	How: Lifting force required for agent	How: Push force over 2 cm bump	How: Force to push aisle chair	How: Time to transfer between seats	How: Fore/aft tipping force at handles	How: Side tipping force at handles	Now 1	Now 2	Now 3	Now 4	Now 5
					↑	↑	↓	↓	↓	↓	↓	↓	↑	↑					
					%	steps	N	N	N	N	N	sec	N	N					
Transfer from personal to aisle chair	Aisle chair preparation	Easy positioning of seat height	4	4		⊙	⊙									▸	■		
		Easy to position chairs	6	10	⊙												▸ ■		
	Passenger movement	Minimum effort for all	15	10				⊙	⊙							■	▸		
		Good lifting position	10	12	○													▸	■
		Minimum time for transfer	3	14		Δ						⊙				▸ ■			
Aisle chair movement		Easy to move	7	8						⊙	⊙		○	○		■			▸
		Fits in aircraft aisle	-	-													▸	■	
		Good stability	24	10									⊙	⊙	▸	■			
Transfer from aisle chair to seat	Aisle chair preparation	Aisle chair close to aircraft seat	6	2	⊙											▸	■		
		Easy positioning of seat height	5	8		⊙	⊙										▸ ■		
	Passenger movement	Minimum effort for all	15	12		○	○				⊙					▸	■		
		Minimum transfer time	5	10		Δ						⊙				▸	■		
Importance (Passenger)					10	9	8	9	9	4	14	5	16	16					
(Agent)					11	13	11	7	7	5	14	16	8	8					
Colub					85	2	3	20	15	11	7	15	20	15					
Deltor					87	3	5	27	25	22	15	18	15	10					
Target (Delighted)					90	1	2	20	10	8	7	15	15	10					
Threshold (Disgusted)					85	2	4	25	15	12	10	18	20	12					

출처: Copyright ⓒ The McGraw-Hill Companies, Inc. Permission required for reproduction or display.

그림 3-16 ‖ Step 8. How vs. How: 제품 사양 간의 관계에 대한 예시

의 지붕 부분인데, [그림 3-16]과 같다. 고객의 요구를 만족시키기 위한 제품의 사양은 서로 도움이 되거나 상충하는 관계가 있고, QFD Step 8은 이를 나타낸다.

QFD Step 8에서 제품 사양 간의 관계를 표시하는 방법으로는 [그림 3-16]과 같이 Step 6에서 사용한 중요도를 나타내는 심벌로 표현할 수 있다. 이와 다른 방법으로는 '+(적당한 시너지)', '++(많은 시너지)', '−(적당한 상충관계)', '−−(많은 상충관계)'로도 표현하는데, QFD의 마지막 단계는 제품 사양 또는 기술적인 기능 간의 궁합을 표현한 것으로 볼 수 있다.

이렇게 예시를 통해서 QFD를 준비하는 법을 간단하게 알아보았다. 고객의 요구사항을 만족시키기 위한 제품개발 방법론인 QFD는 1970년대에 개발되었고, 미츠비시(Mitsubishi)사에서 처음으로 제품개발에 적용하였다. 그 후 토요타(Toyota)사에서도 제품개발을 위해 사용된 것으로 알려져 있다.

이 QFD를 통해서 토요타사는 고객이 원하는 제품을 개발하게 되어, 제품설계를 여러 번 다시 하는 시행착오를 획기적으로 줄일 수 있었다. QFD를 적용한 제품은 디자인 씽킹 방법론과 같이 제품기획 단계부터 고객의 소리(VOC)를 최우선으로 고려해서 제품개발을 하였고, 결과적으로 제품개발비용을 60%나 절감할 수 있었으며, 제품개발주기 또한 33% 이상 줄일 수 있었다고 한다. 이후 켈시 헤이즈(Kelsey Hayes)라는 미국 기업 또한 1986년 QFD를 적용하여 냉각 센서를 개발하였으며, 지금까지도 포드(Ford), 제너럴모터스(GM), 크라이슬러(Chrysler), AT&T, 프록터앤드갬블(P&G), 휴렛팩커드(HP), 디지털이큅먼트(Digital Equipment), ITT, 박스터(Baxter Healthcare) 등 유수의 기업에서 QFD를 기반으로 하여 새로운 제품을 개발하는 데 사용하고 있다. 예비 창업가들도 고객의 소리를 기반으로 제품을 기획하고 개발하는 QFD를 사용해서 사업을 성공으로 이끌고 갈 제품이나 서비스를 만들어 보자.

4장 투자 유치를 위한 회사 소개서 IR 피치덱 만들기

04 투자 유치를 위한 회사 소개서 IR Pitch Deck 만들기

4.1 투자 유치를 위한 회사 소개서 IR 피치덱은 무엇이고 왜 필요한가?

앞에서 투자자들에게 회사를 소개하는 가장 흔한 방법이 IR Deck을 발표(Pitch)하는 것이라고 했다. 그렇다면 IR은 무엇일까? IR은 Investor Relations의 약자인데, 기업의 모든 투자활동을 의미한다.

기업의 IR 자료는 초기 창업기업부터 대규모 상장사까지 모두 가지고 있는데, 이 책에서 다루는 IR 피치덱(IR Pitch Deck)은 초기 창업자금이 필요한 창업기업의 IR 자료이다. 따라서 초기 창업회사의 회사 소개서, 즉 IR 피치덱은 주로 투자 유치를 위한 자료이기 때문에, 회사의 매출이나 회계자료도 내용에 들어가기도 하지만, 의미 있는 매출을 내기 힘든 Series A 투자 이전의 회사 소개 자료라면, 보통 사업 모델, 시장에서의 성공 기회, 경쟁우위 등에 대해서 설명하는 내용이 주를 이루게 된다.

초기 창업기업에게 있어서 IR 피치덱은 기업의 생존과 직결된 생명줄과 마찬가지로 매우 중요하다. 왜냐하면 초기 창업기업들은 IR 피치덱을 어떻게 준비하느냐에 따라 사업을 이어나갈 수 있는지 생존의 여부가 갈리기 때문이다.

4.2 IR 피치덱을 준비하기 전에 BMC를 만들어 보자

이렇게 중요한 IR 피치덱을 준비하기 전에 보통 팀원들은 BMC(Business Model Canvas)를 함께 작성하고는 한다. BMC는 린 캔버스(Lean Canvas)라고도 하는데, 우리가 진행하려고 하는 비즈니스의 비용(Cost)과 수익(Revenue)을 캔버스(Canvas)의 좌/우로 나누어서 비용이 들어가고 수익이 나는 각 요소들의 프로세스를 좀 더 구체적으로 보여주는 캔버스이다.

나도 처음 사업을 시작할 때는 BMC를 몰랐기 때문에, 이를 작성하지 않고 시작했었는데, 지금은 항상 사업 시작 전에 BMC를 초기 팀원들과 함께 작성해 보면서, 우리가 비즈니스를 만들어 갈 때 필요한 사항들을 정리하고 공유한다. BMC에 대해서 이해하기 쉽게 설명한 BMC 삽화 자료가 있는데, 이는 [그림 4-1]과 같다.

BMC는 [그림 4-1]에서 보는 것과 같이 중앙을 기준으로 좌측에는 비용(Cost)과 관련된 Key Partners(핵심 파트너), Key Activities(핵심 활동), Key Resources(핵심 자원)가 있으며, 우측에는 매출 또는 수익(Revenue)과 관련된 Customer Relations(고객과의 관계), Channels(유통 채널), Customers(고객)가 있다. 이 두 부분을 연결시켜 주는 기업의 Value Proposition(가치 제안)은 중앙에 위치한다. 각 항목에 대해 조금 더 알아보도록 하자.

보통, 고객이 정의가 되어야 BMC 또는 린 캔버스의 작성이 쉬워지기 때문에, 나는 고객 또는 목표 고객부터 정의하면서 BMC 작성을 한다. 이러한 순서에 따라서 BMC의 오른쪽에서 왼쪽으로 작성해 나가는 것이 수월하다.

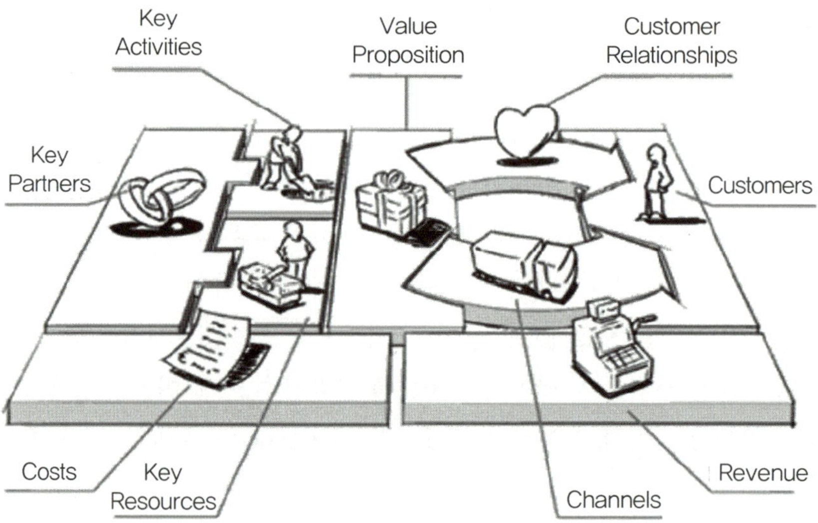

그림 4-1 | Business Model Canvas(BMC) 또는 Lean Canvas

4.2.1 Customer(목표 고객)

우리 회사의 제품과 서비스를 누구에게 팔아서 수익을 낼 것인지를 정의하는 것이 중요한데, 이를 BMC 맨 오른쪽에 있는 Customer 또는 Customer Segments(고객군)에 기입하면 된다. 예를 들어 "휴대용 미세먼지 측정 기기를 사용한 마일리지 보상사업"을 계획하고 있다고 할 때, BMC의 타깃 고객 또는 고객군 부분은 아래와 같을 것이다.

- 보다 미세먼지가 적은 건강한 산책길을 이용하고자 하는 고객
- 환경을 위한 개인의 참여도를 중요시하는 고객
- 마일리지를 통한 보상에 대해 관심이 있는 고객

4.2.2 Value Proposition(가치 제안, 고객 유치를 위한 차별화 포인트)

경영 비전공자분들이 스타트업 교육을 받게 되면, 가장 많이 듣는 용어가 Value(가치)이고, 또한 확실하게 이해하기 어려운 용어이기도 하다. 여기서 '가치'는 기업의 서비스나 제품이 "어떤 쓰임새가 있는지"를 의미한다. 조금 다르게 이야기하자면, "고객이 기꺼이 돈을 지불하고 우리 회사의 제품이나 서비스를 이용하게 되는 어떤 것(가치)"이라고 생각하면 된다. 결국 기업의 차별화 포인트라고 이해하면 되는데, 예를 들어 같은 제품이지만 "가격 경쟁력이 있다", "성능이 더 뛰어나다", "디자인이 더 좋다" 등이 있을 것이다. 다시 미세먼지 측정 사업의 예를 들어 본다면, 아래와 같은 가치 제안(Value Proposition)이 있을 것이다.

- 경쟁사보다 더 정확한 미세먼지 데이터 기반 미세먼지 정보 제공
- 휴대용 미세먼지 측정 기기의 디자인 우월성
- 휴대용 미세먼지 측정 기기를 통해 사용자가 참여하여 더 자주 또 많은 미세먼지 데이터 제공

4.2.3 Channels(유통 채널)

유통 채널은 우리 회사의 제품과 서비스가 고객과 만나기 위한 접근 방법이다. 어떻게 이 접근 방법을 효과적으로 해야 더 고객에게 잘 전달될 수 있는지에 대한 아이디어를 적는 부분이다. 예를 들어 옷을 파는 사업이라면, 오프라인 상점으로 팔 수도 있고, 온라인 쇼핑몰을 통해서 상품을 고객에게 팔 수도 있을 것이다. 또한 요즘 떠오르고 있는 SNS를 통한 라이브 방송, TV 쇼핑 채널을 통해서도 팔 수 있는데, 이 모든 방법 중에 우리 회사가 가장 잘하고 효율적으로 할 수 있는 채널을 찾아내서 작성하면 된다.

4.2.4 Customer Relationships(고객과의 관계)

우리 회사의 제품과 서비스를 고객이 지속적으로 사용할 수 있도록 하는 전략에 대해서 작성하는 부분이다. 회사의 마케팅 부분을 생각하면 되는데, 예를 들어 뉴스레터, 푸시 알람, 이메일을 통한 이벤트, 쿠폰 등의 방법이 있을 수 있다.

4.2.5 Revenue(수익원)

우리 회사의 제품과 서비스를 팔아서 벌 수 있는 수익에 대한 부분이다. 구체적인 수익구조와 수익원을 준비해야 하는데, 이는 스타트업이 꼭 달성해야 하는 부분이면서도 가장 어려운 부분이기도 하다. 스타트업이 성장하기 위해서는 투자 유치만으로는 불가능하다. 반드시 자체 수익이 있어야 하는데, 이러한 부분에 대한 계획을 작성하는 부분이다. 예를 들면 제품 판매, 서비스 이용료, 가입비, 월 정기 이용료, 대여료 등등인데, 광고 수익도 들어갈 수 있다.

4.2.6 Key Resources(핵심 자원)

회사의 제품을 만들고 운영하는 데 필요한 자원을 의미한다. 가끔은 자원과 가치를 혼동하는데, 기업이 경쟁우위를 가질 수 있는 "이미 가지고 있는" 자원이다. 여기에는 기업 이미지, 인적자원, 특허 등 지식재산권, 기술 자원 등이 해당된다.

4.2.7 Key Activities(핵심 활동)

우리 회사의 가치를 고객에게 제공하기 위한 활동을 의미한다. 여러 가지 활동이 있을 수 있겠지만 스타트업에서 수행 가능한 우리 회사에서 할 수 있는 기업활동에 대해 작성하면 된다. 예를 들어 제품 생산업체는 제품의 생산과 설계일 것이고, 게임업체라면 게임 시나리오 개발, 캐릭터 개발, 게임 프로그램 개발 등이 될 것이다.

4.2.8 Key Partners(핵심 파트너)

핵심 파트너는 우리 회사의 사업을 도와줄 수 있는 조력관계에 있는 산업군 또는 공급자를 의미한다. 예를 들어 온라인 쇼핑몰을 준비하고 있는 스타트업의 핵심 파트너는 택배회사, 상품 공급업체 등이 있을 수 있으며, 부록에 있는 BMC 예시에 나와 있는 것처럼 모빌리티용 반도체 연료전지를 개발하는 회사는 드론회사, 반도체 제조회사, 방위산업체 등이 있을 수 있다.

4.2.9 Cost Structure(비용구조)

마지막으로 비용구조는 비즈니스 모델을 성공적으로 실행하기 위해 주로 사용되는 비용에 대해서 작성하는 부분이다. 예를 들어 인건비, 재료비, 유통비, 홍보비, 연구개발비, 오피스 렌트비, 장비비 등이 비용에 해당될 수 있다.

이와 같이 BMC의 각 항목에 대해서 알아보았다. 더 수월한 BMC 작성을 위해서 실제 내가 사용했던 모빌리티 전력용 반도체 연료전지사업에 쓰였던 BMC 예시를 부록에 실어 놓았으니, 독자분들은 참고하여 각자의 비즈니스 모델을 가지고 BMC를 만들어 보자.

4.3 IR 피치덱의 성패는 처음 세 장표(Slide)가 좌우한다

One-liner와 BMC(Business Model Canvas)까지 만들어 보았다면, 이제 구체적으로 IR 피치덱을 만들기 전에 IR Pitch Deck에 대해서 조금 더 알아보도록 하자. 보통 초기 투자 유치를 위한 IR 데모 데이(Demo Day)에서 이루어지는 IR 피치는 5~7분의 발표시간과 5분 정도의 질의응답시간으로 이루어진다. 많은 사업 계획과 사업 모델을 검토해야 하는 투자자나 투자 회사는 한 기업의 IR 피치를 길게 들어 주지 않는다. 하지만 IR 데모 데이에서 투자사의 선택을 받은 회사는 따로 약속을 잡아 좀 더 심도 있는 회사 설명을 할 수 있는 기회가 주어지기도 하는데, 이는 우리 회사가 투자 유치에 한걸음 더 다가간 것으로서 아주 희망적인 신호라고 할 수 있다.

이러한 이유로 대부분의 스타트업 회사는 데모 데이에서 긴 시간 동안 IR 피치를 할 수 없기 때문에, 여러 스타트업 회사가 함께 IR 발표를 하는 데모 데이에는 짧은 시간에 투자자의 관심을 사로잡아야 한다. 이때 투자자의 관심을 사로잡기 위해서 IR 자료의 맨 처음 세 장표(Power Point 또는 PDF의 슬라이드를 이야기한다. 전체 5~7분 정도의 짧은 IR 자료는 15 슬라이드 이내에서 마쳐야 한다.)의 내용이 명확하고 중요한 문제를 제시하는 임팩트 있는 슬라이드여야 한다(tip IR 자료를 PDF로 준비하는 것이 좋다. 파워포인트는 버전에 따라 글씨 등의 배열이 엉망이 될 수 있기 때문이다.). 그래서 투자의 성패는 발표를 시작하고서 첫 1~2분 안에 결정이 나는 게 보통이다. 여기서 첫 세 장표는 회사의 사업 모델이 요약되어 있는 One-liner가 있는 표지, 회사가 해결하려고 하는 문제 정의(Problem 또는 Needs), 이를 해결할 솔루션이 있는 장표(슬라이드, Slide)까지이다.

만일 처음 세 슬라이드의 발표로 투자자의 관심을 사로잡게 된다면, 그 후의 발표 자료인 시장 기회(Market Opportunity 또는 Market Analysis), 경쟁우위(Competitor Analysis 또는 Competitive Advantage) 등은 수월하게 흘러가게 된다. 따라서 첫 세 장표에 우리의 회사가 얼마나 중요하고 절실한 고객의 문제를 풀려고 하는지를 명확하고 중복되지 않게 세 개 정도로 압축하여 소개하고, 그 문제를 풀 수 있는 우리 회사만의 기막힌 솔루션을 소개할 수 있다면, 많은 투자자들이 관심을 보이고 이어지는 IR 발표에 집중하게 될 것이다.

4.4 시장 분석과 경쟁사 분석

일단 처음 세 장표를 성공적으로 준비해서 투자자의 관심을 사로잡았다면, 이제 보여줘야 할 것은 얼마만큼 이 사업을 위해 우리 팀이 준비해 왔는지를 보여줘야 한다. 이는 보통 시장 분석과 이를 통한 사업의 확장성(Scalability)을 투자자에게 보여줘야 하며, 초기 사업 시작 시에 직접적인 경쟁사와 향후 경쟁하게 될 간접적인 경쟁사의 서비스와 제품을 철저히 분석해서, 우리의 솔루션이 얼마나 매력적이고 경쟁우위에 있는지를 투자자에게 설명해야 한다.

시장조사를 할 때, 진입 가능한 시장을 구체적이고 현실적으로 조사하고 설명해야 한다. 그리고 진입 시장 후, 확장 가능한 시장의 규모가 매력적으로 보일만큼 충분히 커야 한다. IR 발표 시 시장 분석을 할 때, 보통 세 단계의 시장으로 나누어서 조사하여 소개하게 되는데, 이를 SOM(Serviceable

Obtainable Market, 초기 타깃 시장), SAM(Serviceable Addressable Market, 진입 시장), TAM(Total Addressable Market, 전체 시장)이라 한다. 여기서 투자자들이 매력을 느끼는 각각의 시장이 얼마나 커야 하는지 궁금해 하는 분들이 있는데, 이에 대한 명확한 기준은 없지만, 경험상 글로벌 기업을 꿈꾸는 기업의 IR 발표에서 목표로 하는 글로벌 전체 시장(TAM)이 몇 천억 정도의 시장이라고 발표한다면 투자자들은 보통 관심을 가지지 않는다.

이렇게 시장조사 및 이에 따른 기회와 경쟁사 분석에는 많은 시간과 노력이 필요하고, 이를 통해 투자자들은 발표하는 회사가 얼마나 진정성을 가지고서 사업을 준비하고 있는지도 함께 알 수 있다. 가끔은 준비 부족으로 인해서 IR 발표를 하는 스타트업이 미처 조사하지 못한 경쟁회사를 발표를 듣고 있던 투자자가 알려주는 안타까운 경우도 있는데, 이러한 경우에 투자자들은 창업자의 사업에 대한 진정성에 의심을 가지게 되어, IR 발표회사는 투자 유치를 이루어 내기가 힘들어진다.

이렇듯이 IR 피치덱은 심혈을 기울여서 준비를 해야 하는 것이고, 나 또한 처음에는 어디서부터 시작해야 하는지 전혀 알 길이 없었다. 그래서 독자들을 위하여 내가 실제로 사용했던 실제 IR 자료 중 일부를 부록에 남겨두었으니, 독자 여러분들이 앞으로 IR 피치덱 발표 자료를 준비하는 데 조금이라도 도움이 되었으면 하는 바람이다.

4.5 스타트업 시장 분석을 위한 TAM, SAM, SOM

IR 피치덱 준비를 하는 데 있어서 가장 심혈을 기울여야 하는 장표는 앞에서도 언급했듯이 첫 세 장표인 'Problem'과 'Solution' 장표이다. 인간 중심 디자인 씽킹 방법론을 통해 고객이 진정으로 해결해야 하는 문제(Problem)를 찾아냈고, 그 문제를 해결할 우리 회사만의 해결책(Solution)을 마련했다면, 시장 분석을 해야 하는데, 시장 분석을 하는 방법론으로 TAM, SAM, SOM 분석을 소개한다. 이 시장 분석 방법은 투자자가 회사의 초기 진입 시장부터 전체적인 성장 가능한 시장을 예측해 보기 쉽기 때문에 IR 발표 자료 중 시장 분석 자료를 준비하는 데 자주 사용된다. 이러한 TAM, SAM, SOM은 구체적으로 스타트업이 공략해야 할 시장(Market)을 의미하며, 이러한 TAM, SAM, SOM 시장조사를 어떻게 준비하는 것인지를 간단한 예시와 함께 알아보도록 하자.

4.5.1 TAM(Total Addressable Market)

TAM은 전체 가용 시장이라고도 하며, 회사가 100% 시장 점유율이 달성된 경우 제품 또는 서비스가 진출할 수 있는 전체 수익 기회라고 정의한다.

TAM은 특정 제품, 고객 세그먼트 및 비즈니스 기회의 순위를 가늠할 수 있기 때문에 스타트업에 중요하다. TAM은 누가 제품을(이론적으로) 구매할 수 있는지에 대한 질문에 답하는 데 도움을 주는데, 다시 말해서 회사가 제품이나 서비스에 대한 모든 독점권을 가질 경우 이론적으로 만들 수 있는 총수익을 낼 수 있는 시장을 의미한다.

보통 TAM을 추정할 때 스타트업 회사가 TAM 상태에 도달하는 것을 방해할 수 있는 모든 요소는 무시하고 계산한다. 특히 TAM 시장을 추정할 때 경쟁사와 생산 및 물류 용량 제한, 언어 장벽, 지리적 거리 등과 같은 제약 조건을 모두 무시하고 제품이 커버할 수 있는 전체 시장(Total Market)에 대해서 추정한다. TAM은 회사가 제품 포트폴리오 및 비즈니스 모델의 확장을 통해 시장의 모든 부문으로 성장할 수 있는 경우까지 고려해서 투자자에게 보여준다.

| TAM의 예시 |

당신이 패스트푸드점 사업을 하고 있다고 가정해 본다면, 이런 경우 우리 사업의 TAM은 전 세계 패스트푸드 레스토랑 시장이다.

4.5.2 SAM(Serviceable Addressable Market)

SAM은 TAM의 특정 부분에 우리 제품이 시장 진출에 적합한지를 추정하는 서비스 가능한 시장이다. SAM은 현재 회사의 비즈니스 모델로 서비스가 가능한 시장을 의미하는데, 이는 고객이 현실적으로 우리 회사의 제품이나 서비스를 구매할 수 있는 시장에 대한 추정이다. 즉 TAM의 어느 부분이 현실적으로 우리 제품/서비스를 구매할지가 SAM을 추정하는 데 핵심적인 요소라고 보면 될 것이다.

SAM은 제안한 사업 아이디어의 잠재력을 보여주기 때문에, 투자자가 중요하게 생각하는 시장이다. 또한 SAM의 더 정확하고 구체적인 정의를 통해 스타트업이 효과적인 영업 및 마케팅 활동을 할 수 있다.

SAM은 TAM에서 회사가 현재 제품/서비스로 제공할 수 없는 시장 부문을 제거하고 추정하면 된다. 스타트업의 제품이 아직은 시장에 부적합한 경우가 많고, 스타트업 회사가 아직은 목표 시장에 서비스를 제공할 능력이 없기 때문에 TAM 전체 시장에서 이 부분을 제거한 후 추정 계산한다.

| SAM 예시 |

패스트푸드 비즈니스 예로 돌아가서 어떤 도시에서 레스토랑을 시작한다고 가정해 보자. 우리는 인구, 식생활 습관, 인구통계가 유사한 다른 도시의 패스트푸드점에서 발생하는 수익을 기반으로 패스트푸드 수요를 추정할 수 있는데, 그것이 SAM 시장이다.

4.5.3 SOM(Serviceable Obtainable Market)

SOM 시장은 스타트업의 비즈니스가 현실적으로 바로 적용할 수 있는 시장으로서 SAM의 일부 시장이다. 즉 SOM은 우리의 비즈니스 모델에 가장 적합한 SAM 부분을 말하는 것인데, 따라서 SOM은 실제 스타트업의 비즈니스가 달성할 수 있는 시장을 의미한다. SOM을 추정할 때는 마케팅이나 유통으로 도달할 수 있는 시장과 현재 경쟁 상황 및 회사의 생산능력을 고려해서 추정해야 한다.

| SOM 예시 |

패스트푸드 레스토랑의 예로 돌아가서, 우리의 패스트푸드 레스토랑은 아마도 도시에서 유일한 패스트푸드 레스토랑은 아닐 것이다. 이러한 이

유로 우리의 SOM은 현실적으로 SAM의 일부에 해당할 수 있다. 이것은 우리의 SOM이다.

실제 IR Deck에서 TAM, SAM, SOM 시장 분석을 해 내기는 MBA나 경영대학에서 경험해 보지 않고서 보통 일반 사람들이 처음 이런 시장들을 추정한다는 일은 매우 어려운 작업이다. 이러한 시장 분석을 해본 경험이 없는 독자들을 위해서, TAM, SAM, SOM 시장 분석이 있는 IR 피치덱을 부록에 실어 놓았으니, 이제 우리의 사업 아이템을 가지고 TAM, SAM, SOM 시장 분석을 직접 해보도록 하자.

5장 글로벌 실전 창업을 위한 조언들

05 글로벌 실전 창업을 위한 조언들

5.1 창업 3대 요소: 아이디어, 사람, 펀드

지금까지 꽤 많은 창업을 했다. 처음 한두 번의 창업은 지금 생각하면, 최소기능제품, 즉 MVP(Minimum Viable Product) 수준의 제품도 없이 기획만으로 시작해서 흐지부지 끝났다. 이때 깨달은 중요한 한 가지는 어느 정도 사업 아이템이나 프로토타입이 검증되면, 반드시 이 사업을 이끌어 나갈 전업(Full-time) 동업자가 있어야 사업이 그 후로 진행될 수 있다는 것이다.

처음부터 능력이 출중하고, 사업 경험도 있는 풀타임 전업 동업자가 함께할 수 있으면 더할 나위 없이 좋겠지만, 20대 중반의 나로서는 그런 사람과 함께 회사를 시작할 기회가 없었다. 그래서 나의 첫 몇몇 사업 아이템들은 나를 포함하여 2~3명의 파트타임(Part-time) 친구들과 함께 시작했고, 호기롭게 해보려던 사업들은 크게 진행되지 못하고 흐지부지 정리되었다. 그 후 나는 전업 동업자가 없으면 아무리 좋은 사업 아이템이 있어도 창업하지 않았다. 소위 창업의 3대 요소라 하는 ① 비즈니스 모델, ② 자금, ③ 창업 멤버는 항상 함께 챙겨야 하는 것이지만, 이 창업 3대 요소

중에도 먼저 준비해야 하는 것이 무엇일까 찾는다면, 창업 멤버, 특히 인생을 걸고 달려드는 풀타임 멤버가 있어야 하는 것이 창업의 첫 번째 기본적인 조건이라고 생각한다.

그래서 많은 성공한 사업가들이 사업 성공은 본인의 능력보다는 운 때문이었다고 하는데, 그 운이라는 것의 큰 부분은 "어떤 동업자 또는 초기 창업 멤버를 만나느냐"이지 않을까 싶다. 그래서 창업 후 사업의 성공 여부 또는 사업의 지속 및 성장 여부는 처음 누구와 시작하는 것이냐가 매우 중요한데, 내가 최근에서야 시리즈 A, B, C로 성장해 나가는 사업을 경험하게 된 것은, 점점 좋은 창업 멤버를 만날 수 있게 되고 그들과 함께할 수 있게 되어서 그렇다고 할 수 있다.

요즘은 나의 사업 외에도 스탠퍼드 동문이나 지인이 하는 사업 초기(Seed 또는 Pre-A)에 투자 또는 초기 멤버로서 참여를 하는데, 이럴 때 내가 제일 중요하게 보는 것이 "창업자가 얼마나 진정성 있게 사업을 해왔는가"이다. 창업자의 진정성 외에 기술적인 차별성, 시장성, 함께 투자하는 투자자 등을 보고 투자와 사업 참여를 결정하는데, 확실히 성공률이 예전에 비해 많이 좋아지고 있다.

5.2 창업의 요소 중 가장 중요한 것은 역시 '사람'

앞서 창업의 3대 요소를 아이디어, 자금, 사람이라고 했다. 이 세 가지 모두 하나라도 부족하거나 잘못된다면 창업을 해서 성공을 거두기는 거의 불가능하다. 여러 사업을 바닥부터 시작하고 운영해 보고 많은 실패를 해왔는데, 실패의 시작은 이 세 가지 중에 보통 사람에서 시작했다. 직원이 수십 명에서 수백, 수천 명에 이르는 중기업이나 중견기업, 대기업과는 달리 보통 우리가 스타트업을 시작하면 창업 멤버 둘 또는 세 명이 시작하게 된다. 이 중에 한 명이라도 사업을 중지하게 된다면 전체 인력의 50%나 33%가 없어지는 것이다. 이렇게 되면 사업을 시작해서 제대로 된 제품이나 서비스를 시장에 출시하기도 전에 돈과 시간만 쓰고서 사업을 접게 된다.

이제 사업에 진정성도 있고 서로 믿고 있는 창업 멤버가 모여서 초기에 어느 정도 펀드도 성공적으로 마련했다고 치자. 이렇게 초기 사업을 진행할 수 있는 기틀이 어느 정도 갖추어졌다면, 직원을 하나둘 채용하게 되는데, 이때 초기 직원 한 명 한 명의 업무능력에 따라 스타트입의 싱패가 좌우되기도 한다. 간단하게 생각해서 열 명 중 한 명이 회사에 미치는 영향과 천 명 중 한 명이 미치는 영향을 생각해 보면 쉽게 이해될 것이다. 특히 한국에서 스타트업에 자신의 미래를 거는 능력 있고 패기 넘치는 인물을 찾기란 여간 어려운 일이 아니다. 왜냐하면 한국은 "남들의 시선을 매우 의식하는" 문화를 가지고 있는데, 이러한 "보여주기식" 문화 때문에, 아직도 한국의 많은 사람들은 "남들이 보기에 괜찮은" 직업을 택하려는 경향이 많기 때문이다. 반면에 "남들의 시선 따위는 개나 줘버려"를 외치며, 미래가 불투명한 스타트업에 자신의 미래를 걸어 보려는 사람들은 극소수에 불과하다. 그래서 매우 안타깝지만 많은 사람들이 스타트업보다는 누구나 알 만한 회사에서 일하는 것을 훨씬 선호하는 것이 한국 사회의 현실이다.

이러한 이유로 아무리 스타트업 환경이 예전보다 좋아졌다고는 하지만 여전히 많은 한국의 스타트업들은 인력난에 시달리고 있다. 아주 가끔 있는 일이기는 한데, 갑자기 귀인이 나타나 회사를 살리고 엄청 성장시키기도 한다. 그래서 많은 성공한 창업자들의 인터뷰에서 우리는 사업 성공의 원

인이 본인들에게 있지 않고 "정말 운이 좋았었다"라고 이야기하는 것을 자주 볼 수 있다. 이렇게 초기 멤버 한 사람 한 사람이 창업기업의 생존과 번영을 좌지우지하기 때문에, 창업자의 평판과 능력은 스타트업을 하는 데 매우 중요한 변수이고, 이러한 이유로 가끔 투자자들은 초기 창업회사의 사업 아이템보다는 창업자를 보고 투자 결정을 하기도 한다.

5.3 컴포트 존과 패닉 존

몇 년 전 스페인 바르셀로나를 다녀왔다. 안토니 가우디의 사그라다 파밀리아(La Sagrada Familia) 성당을 직접 보고 싶었다. 가우디가 설계하고 그의 생애 동안 일부분만 지어진 후에 지금까지도 계속 완성되어 가고 있는 성당이다. 가우디의 후배 건축예술가와 석공들의 수많은 실패와 고뇌의 시간을 사그라다 파밀리아에서 고스란히 느낄 수 있었다([그림 5-1] 참조).

마침 여름이 끝나가는 시점이라 지중해의 바람(레반터(levanter), 동부 지중해 Levant 지방에서 불어오는 동풍)과 따스한 햇살이 온몸을 감싸고 있었다. 시내 근처 해변에 있는 한 동네 식당에서 우리나라의 문어 숙회와 닮은 해산물 요리와 시큼한 향이 가득했던 바르셀로나 현지 와인으로 여행의 피로를 달랠 수 있었다. 나의 제2의 고향 캘리포니아처럼 바르셀로나의 날씨는 건조하고 따스했다. 그 당시 바르셀로나 해변에서 파울로 코엘료의 〈연금술사〉를 읽고 있었는데, 다음에 스페인에 다시 오게 된다면 그때는 스페인 최남단 안달루시아의 타리파(Tarifa)에 가보고 싶다는 생각을 했다([그림 5-2] 참조).

그림 5-1 ‖ 안토니 가우디의 사그라다 파밀리아(La Sagrada Familia) 성당

그림 5-2 ‖ 스페인 안달루시아 타리파(Tarifa)에서 지브롤터 해협 쪽 전경

아프리카와 맞닿아 있는 항구도시 타리파는 〈연금술사〉의 주인공 산티아고가 그의 꿈을 찾기 위해 고향인 안달루시아에서 지브롤터 해협을 건너 아프리카 모로코의 탕헤르(Tangier)로 떠난 곳이다. 그가 몸을 실었던 배는 아마도 아래와 같은 배였을지도 모른다([그림 5-3] 참조).

그림 5-3 ‖ 스페인 안달루시아 타리파(Tarifa)와 모로코 탕헤르(Tangier)를 오가는 배

「산티아고는 새롭게 많은 것들을 배우고 있었다.

전에 경험했던 것들도 있었지만, 길을 떠난 후에 새로운 눈으로 새삼스레 그 숨은 의미를 깨치게 되는 것들이 많았다. 그전에는 너무 익숙해 아무런 깨달음도 주지 않았던 것들로부터.」

출처: 파울로 코엘료의 〈연금술사〉에서

양치기 산티아고는 어느 날 가지고 있던 양을 모두 팔고서 타리파에서 아프리카로 떠나는 배에 몸을 실었다. 위 구절은 산티아고가 양을 팔아서 마련한 그의 전 재산(보물을 찾기 위해 사하라 사막을 건너갈 여비)을 모로코 탕헤르의 사기꾼에게 전부 도둑맞은 후의 이야기이다. 만일 그가 양을 판 돈으로 바로 사막을 건너서 보물을 찾았다면, 그는 이런 경험들을 하지 못했을 것이다. 산티아고는 익숙했던 고향에서의 양치기 생활을 정리하고 보물을 찾아 낯선 세계인 아프리카로 향했고, 그의 죽었던 세포들이 하나씩 살아나는 새로운 여행이 시작되었다.

양치기 산티아고처럼 우리도 인생을 살아가면서 익숙한 공간인 컴포트 존(Comfort Zone)을 떠나 낯설고 위험한 공간인 페닉 존(Panic Zone)으로 뛰어드는 순간들이 종종 있다. 때로는 타의에 의해, 때로는 나의 의지로 새롭고 낯선 패닉 존으로 뛰어들게 된다. 예를 들면 초등학교를 마치고 중학교에 진학을 하거나 새로운 학교로 전학을 가는 경우, 이민을 가는 경우, 새로운 직장으로 옮기는 경우 등등이 있는데, 우리 모두 인생을 살면서 이러한 경험을 계속해서 하게 된다.

〈티핑 포인트〉로 유명한 말콤 글래드웰(Malcolm Gladwell)은 2008년 그의 저서 〈아웃라이어〉에서 1만 시간 동안 꾸준히 수련을 한다면, 그 분야의 전문가가 될 수 있다고 했다. 1만 시간은 패닉 존을 컴포트 존으로 만들어 가는 데 충분한 시간이라고 한다. 항상 그러하듯이 미지의 낯설고 위험한 패닉 존은 우리를 위험에 빠지게 만드는 순간이나 함정들이 곳곳에 도사리고 있어서, 패닉 존에서의 하루하루는 매우 고단하고 지칠 수 있다. 시간과 경험이 쌓일수록 우리는 패닉 존에 뛰어들어 가는 것이 얼마나 큰 용기가 필요하고, 많은 시간과 돈, 정신적인 에너지가 드는지 알게 된다. 그래서 우리는 보통 나이를 먹으면 자신만의 컴포트 존을 만들고 그곳에서 안주하려 한다.

컴포트 존과 패닉 존은 다른 공간이 아닌 같은 공간이다. 즉 누구에게나 처음에는 인생의 모든 활동무대(Zone)가 패닉 존이었다. 보통의 우리들은 세상에 태어나 첫 걸음마를 하고 가족을 만나고 나이를 조금 더 먹으면 유치원도 가고 제도권이 만들어 놓은 학교에 가게 된다. 우리 삶의 모든 공간이 처음에는 패닉 존이었고, 우리들은 각자 앞에 놓인 패닉 존에 적응을 해가면서, 그 혼돈의 공간(Panic Zone)을 자신에게 맞는 편안한 공간(Comfort Zone)으로 만들어 왔다.

[그림 5-4]에서 보듯이 누구나 패닉 존에 들어서면 낯선 환경에 많은 것을 잃고 헤매게 된다. 그것이 자연스러운 일이고, 이러한 환경에서 우리의 삶은 새로운 도전(Challenge)을 맞이하게 된다. 여기서 우리는 항상 그래왔듯이 새로운 일들을 온몸으로 받아내어 실패하고 부서지면서 패닉 존을 가까스로 벗어나, 배우면서 깨우쳐 나가는 러닝 존(Learning Zone)으로 진입하게 된다. 몇 년의 배움의 시간이 지나면, 처음에 우리가 발 담갔던 패닉 존은 어느덧 편안한 공간이 되고, 그만큼 나의 편안한 공간은 점점 더 늘어가게 된다.

이렇게 자꾸 패닉 존에 몸을 던지고, 실패를 이겨내고 성장하는 일은 일상의 일이지만, 나이가 들면서 배움의 고된 기억이 우리가 새로운 패닉 존으로 나아가는 시도를 자꾸 가로막게 된다. 이럴 때면 나는 고통의 순간보다는 예전 나의 조그맣던 컴포트 존을 회상하면서, 창업과 새로운 도전이라는 패닉 존을 통해 넓어진 나의 현재의 컴포트 존을 생각한다. 이러한 실패와 고뇌의 순간을 이겨내고 더 넓은 컴포트 존을 만들어 가는 과정의 희열을 고스란히 나의 DNA에 새겨 넣고 있다.

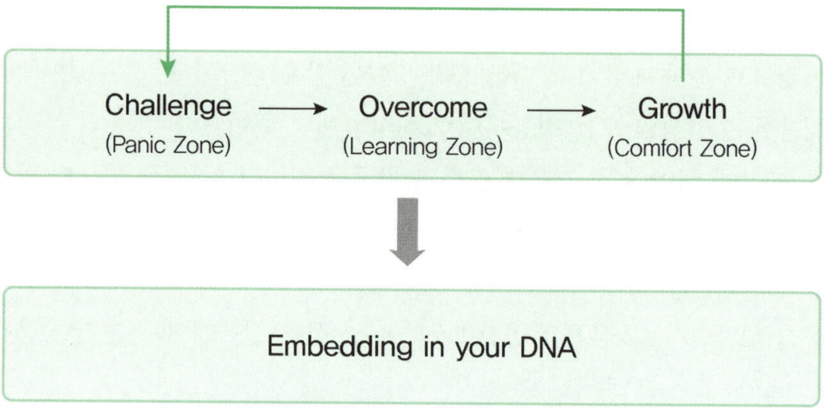

그림 5-4 | Comfort Zone과 Panic Zone

나 또한 인생의 크고 작은 패닉 존으로 뛰어들어 간 경험들이 있는데, 그중에서 인생의 전환점 또는 티핑 포인트라고 할 수 있는 순간은 글로벌 창업가의 꿈을 이루기 위해 미국으로 유학을 떠나던 그 순간이다. 나는 창업의 꿈을 이루기 위해 2003년 병역의무를 마치자마자 미국 샌프란시스코의 실리콘밸리로 떠났다. 자신의 꿈을 찾기 위해 안달루시아 타리파에서 아프리카 모로코로 떠나는 배에 몸을 실은 양치기 산티아고처럼, 25세의 나는 대한민국의 인천공항에서 나의 꿈인 창업을 하기 위해 이민가방 두 개와 함께 샌프란시스코행 비행기에 몸을 실었다. 미지의 세상인 샌프란시스코를 향해 출발하는 순간은 내 생애 처음으로 한국을 떠나 해외로 나가는 순간이었고, 2003년 여름의 끝자락에서 그렇게 나는 새로운 패닉 존인 미국 샌프란시스코로 떠났다.

5.4 실패를 통해 배운 창업 필수 준비물

부끄럽게도 최근에 알게 된 지인들로부터 “교수님은 이미 성공하셔서 걱정이 없겠어요”라는 말을 가끔 듣는다. 내가 가진 능력 이상으로 주변의 좋은 분들에게서 많은 도움을 받아, 한국의 최고 대학이고 세계적으로도 리딩하고 있는 카이스트에서 우수한 학생들을 가르치고 있으며, 많은 것들을 배울 수 있는 기회를 가지게 되었음에 항상 감사하고 있다. 하지만 예전에도 나는 실패와 함께 살아 왔고, 지금도 실패와 함께 살고 있다. 첫 대학 입시부터 실패하여 결국 재수를 하고서야 대학에 입학했다. 대학 입시의 실패는 어린 나이에 겪어 본 큰 충격이었다. 그 후에도 많은 실패를 하였고, 많은 실패를 겪다 보니, 실패는 나를 나락으로 떨어뜨리는 사건이 아닌, 다시 시작할 때 더 잘해 낼 수 있는 경험과 자산이 되었다.

사업에서 또한 많은 실패를 했다. 돌이켜 보건대, 나는 사업을 잘하거나 사업에 적합한 사람은 아닌 것 같다. 단지 실패의 이유를 내 자신에게서 찾고, 실패를 덤덤히 받아들이려 노력했다. 그리고 실패를 하더라도 감당할 수 있도록 플랜 B를 준비해 놓았다. 가장 중요한 것은 실패를 통해 좌절하기보다는 다음에 시도할 때는 같은 실수를 반복하지 않으려고 절치부심(切齒腐心)하는 마음으로 다시 준비했다. 여러 번의 사업 실패를 통해, 이제는 내가 어떤 사업을 시작할 때 꼭 갖추어야 하는 것들이 생겼다. 이 글을 읽는 독자들은 나처럼 사업에서 여러 번 실패하지 않기를 바라는 마음으로 다음 내용을 공유해 본다.

5.4.1 능력 있는 전업(Full-time) 창업 파트너가 있어야 한다

앞서 여러 번 언급했듯이 사업을 시작할 때 창업 경력이 있고 창업 의지가 강한 풀타임 동업자가 함께하면 더할 나위 없이 좋다. 물론 여기에 엑시트 경험까지 있는 동업자라면 더더욱 함께했을 때 사업을 성공시킬 확률이 높았다. 사업을 함께할 동업자를 만났다면, 초기 사업을 진행하면서 동업자와 합을 맞추어 보게 되는데, 동업자가 사업 경험이 부족하다거나 적극적으로 사업을 진행하는 워리어(Warrior) 스타일의 동업자가 아니라면, 기획한 사업을 만들고 키워가는 데 더 많은 에너지가 들고, 결국에는 회사를 성공시키기 어려운 경우가 많았다.

스타트업은 몇 백, 몇 천 명 이상의 임직원이 운영해 가는 중견기업이나 대기업이 아니기 때문에, 보통 초기 창업 파트너와 스타팅 멤버 한 명 한 명이 회사의 운명을 좌우하고는 한다. 나의 경험에 비추어 봤을 때, 창업 멤버 두세 명이 처음 시드(Seed) 단계에서부터 짧게는 1년에서 3년 정도 함께 회사를 키워가는데(중간에 직원을 고용하는 경우가 있지만, 경험상 3년 안에 회사 전체 인원이 10명을 넘기기가 쉽지 않았다.), 이럴 때 오히려 나와 성향이 비슷한 동업자와는 사업을 진행하는 데 어려움이 많았다. 오히려 성향이 다른 동업자와 서로 부족한 부분들을 보완해 가면서 사업을 키워 나갔을 때 더 많은 시너지를 가지고 사업 초기의 힘든 여정을 잘 극복해 낼 수 있었다. 또한 동업자 간의 소통이 매우 중요한데, 소통이 없어지면 점차 오해가 쌓이고 이런 작은 부분들이 쌓여 결국에는 사업을 제대로 시작하기도 전에 접게 되는 경우가 생긴다. 이런 부분들을 미연에 방지하기 위해서는 창업자들 간의 계약서를 쓰고 시작하는 것이 필요하다. 이제 열정과 능력이 있고 준비된 동업자를 만났다면, 동업자 간 계약서를 쓰고서 사업을 진행해 보자.

5.4.2 창업자(Founder) 간에 계약서를 꼭 써야 한다

나도 처음에 사업을 시작할 때 '우정과 믿음'으로 시작했었다. 동업자와 사업을 처음 시작했을 때는 왠지 친한 지인과 계약서를 써야 한다는 게 불편해서 계약서 없이 구두로 협의 후에 진행했다. 보통 구두로 하는 소통에는 서로가 100% 같은 내용으로 기억을 하는 경우는 거의 없다고 보면 된다. 이런 구두로 협약을 진행하면, 동업자 간에 이해한 부분이 다르기 때문에, 협의된 내용에 대해 나중에 작은 오해가 생기고, 그 작은 믿음의 균열이 더 큰 오해를 불러오면서 결국은 사업을 접게 되는 뼈아픈 경험을 한 적이 있었다. 그래서 그 이후로는 이런 부분을 최소화하기 위해서 동업자 또는 창업자와 계약서를 쓰고 사업을 시작하게 되었다. 어떤 동업자는 동업자 간 계약서를 쓰자고 했더니, "본인을 못 믿는 거냐" 하면서 오히려 내게 화를 내기도 했던 기억이 있다.

창업자 간 계약서에는 초기 지분 비율을 어떻게 나눌 것인지, 최소 몇 년간 회사에서 함께 일해야 처음에 배분한 지분이 실제로 효력을 발생한다는 등의 베스팅(Vesting) 조항, 성과급은 어떻게 할 것인지 등을 계약서로 꼭 남겨놓아야 큰 문제 없이 지속적으로 사업을 진행할 수 있다. 그래서 창업을 시작하려고 하는 여러분들을 위해 내가 사용하고 있는 창업 동업자 간 계약서를 부록에 실어 놓았으니, 이를 참고하여 사업을 시작하기 전에 동업자와 계약서를 꼭 작성하고서 시작하도록 하자.

5.4.3 적절한 시기에 투자를 받아야 한다

투자를 적절한 시기에 잘 받는 것은 사업의 성패에 큰 영향을 미친다. 특히 기술창업의 경우에는 초반에 개발비용(CAPEX)이 많이 들어가기에, 적절하고 기업의 상황에 맞는 투자가 없이는 사업을 계속해 나가기가 매우 어렵다. 여기서 CAPEX란 'Capital Expenditure'의 약어로 우리말로 직역하자면 '자본 지출'이라고 할 수 있다. 기업에서 말하는 CAPEX는 "기업이 미래의 이윤을 창출하기 위해 지출하는 비용"으로 이해할 수 있는데, "기업이 더 큰 기업으로 성장하기 위한 투자비용 또는 지출"이다. 단 매출 성장을 위한 투자이기 때문에 비영업적인 이윤 창출, 예를 들어 주식이나 채권 투자를 통한 이익 창출은 CAPEX에 포함되지 않는다. 결국 CAPEX는 "기업의 영업 기반 매출을 통해 미래에 경제적인 수익을 가져다줄 수 있는 자산을 유지 보수하거나 구입할 때 사용되는 비용"으로서 '설비투자금액'이 가장 흔하게 포함된다. 따라서 기술 기반 창업 중 제조업이나 장비산업의 경우에는 사업의 진행 단계마다 CAPEX가 많이 투입되기 때문에, 이를 잘 고려해서 회사가 어려워지지 않도록 투자 계획을 면밀하게 세워야 한다.

이런 적절한 시기에 적절한 금액을 투자받아야 하는 것은 비단 제조업 기반 스타트업에게만 적용되는 것이 아니라, 모든 스타트업의 생존과 직결되어 있어서, 스타트업 회사는 그 시작과 함께 회사를 마칠 때까지(엑시트할 때까지) 끊임없이 노력해서 풀어야 할 문제이다. 더 구체적으로는 언제 어떤 투자자에게, 즉 전략적 투자자(Strategic Investor: SI) 또는 재무적 투자자(Financial Investor: FI)에게, 어떤 밸류에이션으로 투자를 받을 것인지 등의 투자 라운드를 계획하고서 철저히 준비하고 진행해야 한다.

전략적 투자자와 재무적 투자자

일단 스타트업이 투자 유치를 위한 투자 라운드를 시작하다 보면, 지금 단계에서 필요한 투자자가 어떤 투자자인지를 알아야 하는데, 크게 전략적 투자자(Strategic Investor: SI)와 재무적 투자자(Financial Investor: FI)로 나눌 수 있다. 용어 그대로 전략적 투자자는 초기 회사에 필요한 자금투자도 하면서 동시에 우리 회사와 함께 제품개발이나 마케팅, 매출 고객 확보를 위한 영업활동, 후속 투자 유치활동 등 회사의 사업 파트너로서 역할을 하면서 사업을 함께 키워 나가는 투자자이다. 경험상 아직 매출을 낼 만한 제품이 없는 극초기의 스타트업에게는 전략적 투자자가 해줄 수 있는 게 별로 없다. 하지만 최소기능제품(Minimum Viable Product: MVP)이 어느 정도 완성되고, 매출을 낼 수 있을 정도로 준비가 된 스타트업이라면, 전략적 투자자가 도와줬을 때 회사의 성장을 극대화할 수 있기 때문에, 공격적인 사업활동이 절실하게 필요한 스타트업에게는 힘이 되는 투자자이다. 후에 스타트업이 성장해서 자체적으로 영업 채널이 확보되고 사업을 진행하는 리소스가 확보된다면, 그때는 금융 투자자를 만나서 진행해도 좋은데, 사실 이렇게 원하는 대로 투자자를 고를 수 있는 스타트업이 현실적으로 많지 않기 때문에, SI나 FI 투자자들이 있다는 사실을 알아두고 투자활동을 하면 도움이 될 것이다. 그럼 더 자세히 SI와 FI에 대해서 알아보도록 하자.

보통 스타트업에 대한 투자는 벤처캐피탈(venture capital), 개인투자자(angel capital), 사모펀드(private equity) 등을 통한 재무적 투자자(FI)를 중심으로 이루어진다. 하지만 최근에는 전략적 투자자(SI)가 스타트업에 투자하는 경우도 많이 있는데, 나 또한 전략적 투자자인 SI와 재무적 투자자인 FI가 무엇인지, 어떤 차이가 있는지를 처음에는 자세히 알 수 없었다. 여러분이 스타트업을 시작하고 1년 이상 생존해 있다면, 그 후의 생존을 위한 투자활동을 할 때 반드시 듣게 될 투자자들이기 때문에 알고 있으면 많은 도움이 되리라 생각된다.

FI와 SI 모두 근본적으로 투자하는 기업의 성장을 기대하여 초기의 리스크를 감내하면서 투자를 하고, 이를 통해서 수익을 창출하려는 투자자라는 점에서 비슷한 점을 가지고 있다. 하지만 FI와 SI는 투자의 성격이나 목표가 다른데, 그로 인해서 여러 가지 차이점이 발생한다.

FI 투자자는 투자를 통한 투자자금의 회수와 이를 통한 수익의 확보가 투자의 목적이기 때문에, FI 투자자에게는 "투자한 기업이 잘 성장하여 결국 투자자금을 회수하는 것이 가장 중요"하다. 반면에 SI 투자자는 투자금의 회수도 중요하지만, 이 외에도 투자한 기업이 SI 투자자의 기존 사업의 성장에 도움이 되거나, SI 투자자가 새로운 사업 분야에 진출하고자 할 때 투자한 기업이 역할을 해줄 수 있어야 하는 또 하나의 목적을 가지고 투자를 하는 경우가 많기 때문에, FI 투자자보다 피 투자사의 사업을 도와주고 사업의 진행에 참여하는 경우가 많다.

이에 따라 FI 투자자에게 중요한 것은 '회사의 가치 성장'과 '투자의 회수'이기 때문에, 이 두 가지 목표를 이루기 위해서 피 투자사를 지원한다. 이 중에서 '회사의 가치 성장'은 창업자와 초기 멤버들이 훌륭한 제품 및 서비스를 만들고 매출을 늘려가면 되는데, '투자의 회수'는 투자한 회사의 엑시트 전략을 창업자 및 주주들과 긴밀하게 논의해야 한다. 이에 FI 투자자는 창업자에게 회사의 성장과 함께 IPO 또는 M&A를 적극적으로 진행하도록 요구하기도 하는데, 이는 투자 펀드는 통상적으로 존속기간이 정해져 있어서, 그 안에 투자 회수 기회가 올 수 있도록 하기 위함이다.

반면, 전략적 투자인 SI 투자는 정해진 투자 회수 시기가 없기 때문에 투자의 회수 부분에 있어서는 투자자가 좀 더 여유를 가지고 대응하게 된다. 투자의 회수 부분 외에, 전략적 투자는 용어 그대로 투자의 목적이 투자사와 피 투자사 간의 전략적인 협력을 기반으로 하는 투자이기 때문에, 두 회사 간의 전략적 시너지에 더 집중하게 된다. 예를 들어 창업회사, 피 투자사가 사업을 진행할 때 SI 투자사의 서비스 또는 플랫폼을 사용해야 하거나 피 투자사의 제품이나 서비스를 SI 투자자에게 우선 공급하는 경우가 많다.
이 외에도 FI와 SI 투자자들은 피 투자사의 운영에 관해서도 요구하는 부분들이 다른데, SI 투자의 경우에 보다 적극적으로 회사 운영 방침에 대해 요구하는 경우가 상대적으로 많다. 물론 FI 투자자나 SI 투자자 모두 "회사 운영에 창업자가 주도권을 가지고서 운영해야 한다"는 데에는 보통 이견이 없지만, 특별한 경우에는 투자자의 동의를 받도록 대부분의 투자 계약 조항에 명시되어 있다.

대부분의 투자는 갑자기 이루어지지 않는다. 스타트업은 투자 유치를 위해서 투자를 준비하고 투자자를 만나고 협상하는 과정이 필요하다. 보통 투자 유치 과정에 있는 스타트업에서는 "우리 기업이 투자 라운드를 돌고 있다"고 표현하는데, 이를 위해 스타트업은 투자 유치 활동의 첫 단계로서 "그동안의 기업활동의 성과를 정리하고, 앞으로의 발전 계획을 보여주는 IR(Investor Relations) 자료를 준비"한다. IR 자료 준비는 스타트업의 단계, 즉 Seed 단계, Pre-Series A, Series A, B, C 등의 각 단계에 따라 준비하는 내용이 달라지는데, 우리가 이 책에서 주로 설명하는 Seed 또는 Pre-Series A 단계(주로 회사가치 10억~100억 사이의 회사를 지칭한다)의 회사에서는 실제 제품이나 서비스를 판매해서 매출을 내는 경우가 거의 없기 때문에, 시제품(Prototype) 또는 최소기능제품(Minimum Viable Product: MVP)이나 초기 구매 의향서(Letter of Intent: LOI), 지식재산권(Intellectual Property, 특허 또는 노하우)을 중심으로 준비하게 된다.

시제품과 최소기능제품

시제품(Prototype), 즉 프로토타입은 제품이나 서비스의 작동 방법 등을 고객이나 팀원에게 설명할 수 있는 제품의 원형이다. 실제 물리적인 제품의 프로토타입이라면 종이나 그래픽 디자인으로도 구현할 수 있고, 그래픽 디자인으로 구현했다면, 요즘은 3D 프린팅으로 프로토타입의 모양을 제작할 수도 있다. 스타트업의 사업 모델이 앱(App)이나 소프트웨어라도 간단하게 종이 몇 장을 가지고 기획하고 있는 앱이나 프로그램이 어떻게 구동하는지를 보여줄 수 있다. 실제로 구글이나 애플의 앱을 기획하고 설계(Design)하는 팀에서는 코딩을 하는 프로그래머가 아닌 팀원이 종이를 사용하여 앱의 프로토타입을 만들어서 앱 개발을 하는 데 사용하고 있다.

최소기능제품(Minimum Viable Product: MVP)은 프로토타입의 한 종류인데, 보통 고객이 요구하는 최소의 기능을 구현한 제품이다. MVP는 완성도에 따라서 낮은 완성도의 MVP(low-fidelity MVP)와 높은 완성도의 MVP(high-fidelity MVP)로 나눌 수 있다. 낮은 완성도의 MVP는 최소한의 기능으로 구현된 MVP인데, 스타트업이 구상하고 있는 비즈니스 모델의 서비스가 완성되었다고 가정하고, 미래 고객에게 소개하여 고객의 반응을 볼 수 있는 랜딩 페이지가 있고, 종이 박스를 이용하여 제품의 형태를 보여주는 Cardboard Mockup 등이 있다. 이러한 완성도가 낮은 MVP는 초기에 타깃 고객의 문제를 발굴하고 유효성을 검증할 때 주로 사용한다.

반면에 높은 완성도의 MVP는 실제 제품에 가까울 정도로 개발된 제품으로서, 실제 생산하는 제품의 데모 제품이나 핵심 기능들이 적용된 앱 또는 웹페이지를 예로 들 수 있다. 이러한 높은 완성도의 MVP는 고객의 문제 빌굴보다는 고객의 문제를 해결하는 솔루션으로서의 제품의 역할을 검증할 때 쓰인다.

이러한 이유로 보통 MVP는 스타트업이 실제 제품을 시장에 출시하기 전에, 고객의 피드백을 통해서 제품 또는 서비스를 검증해서 더 완성된 제품, 즉 고객의 문제점을 더 완벽하게 해결할 수 있는 제품을 만드는 데 사용하게 된다. 이는 우리가 디자인 씽킹 프로세스를 통해 제품개발을 할 때, 공감(Empathy)을 통한 고객의 니즈 발굴(Define)부터 아이디어 구축(Ideate), 시제품 제작(Prototype) 전주기에 해당하며, MVP는 결국 디자인 씽킹의 마지막 단계인 테스트(Test) 단계를 통해 고객의 피드백을 받기 위한 최종 준비물이라고 할 수 있을 것이다.

내 경험상 보통 Pre-Series A 이상의 투자를 끌어내기 위해서는 6개월 정도의 시간이 걸렸는데, 그렇기 때문에 투자 유치를 위해서는 투자 유치 마무리가 예상되는 시점의 대략 6개월 전부터 치밀하게 준비해야 한다. 개인적인 경험을 공유하자면, 욕심을 내다가 적절한 시기에 투자를 못 받아서 회사를 안타깝게 정리하게 되었는데, 자체적으로 우리 기업의 가치를 너무 높게 평가해서 괜찮은 투자 기회들을 연달아 놓쳤던 뼈아픈 경험이 있었다. 투자를 받기 위해 철저히 준비하고 많은 투자회사를 만나보면, 현재 우리 기업의 적정한 가치를 알 수 있다. 이렇듯이 기업의 투자활동은 정말 끊임없이 이루어져야 하고, 후에 M&A나 상장(Initial Public Offering: IPO)을 통해 엑시트를 하기 위해서는 꼭 거쳐가야 하는 과정이다.

5.4.4 시작할 때 언제/어떻게 그만두어야 할지 엑시트 플랜을 짜고 시작한다

창업을 처음 했을 때는 어떻게 시작해야 하는지 전혀 알 길이 없어서, 그 끝도 가늠할 수가 없었다. 근 20여 년간 여러 번의 실패와 몇 번의 엑시트(M&A나 IPO)를 경험하고 나니, 이제 창업을 시작할 때, 어떤 시점에 어떠한 방법으로 엑시트를 할 수 있는지를 조금은 알게 되었다. 나 또한 아직도 어떤 시점에서 얼마 정도의 회사 밸류에이션(가치)으로 엑시트를 진행해야 하는지를 정확하게는 알 수 없지만, 이제는 새로운 회사 창업을 계획할 때부터 대략적인 엑시트 계획을 세워놓고 시작하게 되었다. 많은 투자회사나 투자자들은 "투자할 회사가 구체적인 엑시트 플랜을 가지고 있고 없음"에 따라 투자를 결정하기도 한다. 물론 구체적인 엑시트 플랜을 가지고 있는 창업회사가 투자를 받을 확률이 더 높다.

5.5 초기 투자 유치를 위한 조언

능력도 있고 끝까지 뜻을 함께할 전우인 공동 창업자와 미지의 세계로 함께 나아갈 나의 팀, 초기 스타트업 멤버들이 뭉쳤다. 그리고 지금 이 시점에 필요한 진정으로 급박한 고객의 문제를 해결할 수 있는 우리만의 기술이 있다. 그럼 이제 이 험난한 창업 전투를 시작할 전투자금이 필요하다. 어떤 자금들이 필요할까? 제일 처음 법인 설립비용이 들어간다. 혼자 해도 괜찮지만, 보통 법무법인을 통해서 하는 게 안전하고 좋을 것 같아 법인 설립을 도와줄 법무법인을 찾게 된다. 법인 설립을 법무법인에 맡길 경우에는 법인 설립에만 적어도 100만 원 이상이 들어간다. 그 다음에는 창업자와 스타트업 멤버들이 먹고 살아야 하는 인건비, 그리고 함께 뭉쳐서 일할 수 있는 오피스 렌트비(회사 오피스를 사면 좋지만, 그건 나중에 1,000억 가치 이상의 회사로 성장했을 때 생각해 보자고 위로한다), 비즈니스 미팅과 마케팅을 위한 출장비, 우리 회사만의 특화된 제품개발을 위해 지속적으로 필요한 연구자금(장비비 및 재료비), 기술개발된 아이템을 실제 제품화시킬 때 필요한 비용, 특허 등록 및 출원을 위한 비용(특히 해외특허 준비비용은 초기 스타트업에게는 큰 부담이 된다), 가끔 발생하는 법무 및 노무 자문비용, 이 외에 전문가 활용비, 예비비, 특활비 등등이 있다.

이 정도로 예상비용 및 항목을 추정한 후에, 1년 동안 창업자 포함 5인이 사업을 수행해 나갈 때 들어가는 비용은 적게 잡아도 연간 5억 원 정도가 소요된다. 그래서 내가 초기 창업회사 대표를 만나면 쉽게 회사의 규모를 대략 추정해 볼 수 있는 방법이 있는데, 정직원이 몇 명이 있는지를 알아보면 된다. 예를 들어 스타트업에 100명의 정직원이 있다면, 대략 1년에

100억 원 이상의 자금을 순수익이든 투자금이든 간에 어떻게든 마련해서 회사를 운영하고 있다고 보면 얼추 맞을 것이다.

스타트업을 운영하고 성장시키기 위해서 이렇게 많은 비용이 필요한데, 기업의 피와도 같은 자금을 어디서 어떻게 마련할 것인가? 특히 첫 몇 년간 의미 있는 매출을 내기 힘든 스타트업이 대부분이라, 스타트업이 매출을 기반으로 연간 5억 원 이상의 비용을 감당할 수 있는 경우는 정말 흔치 않은 일이다. 그래서 많은 스타트업은 초기에 정부 지원이나 초기 씨앗(Seed) 펀드를 가지고 시작한다. 초기 창업기업을 위한 정부 지원 프로그램에 관해서는 앞서 간단하게 설명을 했으니, 여기서는 회사가 초기에 생존하는 데 꼭 필요한 초기 투자금의 종류와 이를 유치하기 위해서는 어떤 활동들을 해야 하는지를 함께 알아보도록 하자.

5.5.1 초기 투자: Seed(씨앗펀드 또는 FFF), Pre-Series A, Series A, Series B

극초기의 스타트업 회사는 하이리스크 하이리턴(High Risk High Return)의 극단적인 케이스에 해당하는 회사들로서, 대부분의 극초기 스타트업들은 여러 가지 이유로 사업 진행 도중에 사업을 중단할 확률이 매우 높은 리스크를 가지고 있다. 반면에 정말 극소수이기는 하지만, 여러 가지 어려움을 다 헤치고 나아가 창업 후 3~7년 사이에 찾아오는 죽음의 계곡(Death Valley)을 극복하고 규모 있는 투자로 갈 수 있는 상황이 된다면, 사업 초반에 아무것도 없었던 스타트업에 비전과 믿음을 가지고서 투자한 투자회사들은 엄청난 수익으로 엑시트가 가능하다. 세상에는 정말 공짜는 없는

법이다. 만일 30% 정도의 성공 확률을 가지고, 극초기 스타트업에 투자하는 투자자가 있다면, 정말 투자의 신이라고 부르고 싶다.

그만큼 창업을 해서 생존해야 하는 현실은 냉혹한데, 아무리 훌륭한 자원과 기술이 있더라도, 신생 스타트업 기업이 성공할 확률은 매우 낮기 때문에, 창업 극초기 단계에서 창업기업이 외부 투자를 유치한다는 것은 너무나도 힘든 일이다. 하지만 대부분의 스타트업은 다음 단계로 나아가기 위해서 초기 투자 유치를 반드시 성공시켜야 한다. 그래서 보통 처음 씨앗 펀드(Seed Fund)는 FFF로부터 마련을 한다고 하는데, 풀어서 설명하자면 Family(가족), Friend(친구), Fool(바보)로부터 마련하는 게 보통이다. 이렇게 어렵게 마련한 초기 투자금을 가지고 초기 창업기업은 살아남아야 하고, 이렇게 살아남은 기업들은 모두 각자의 드라마틱한 사연을 가지고 있다.

스타트업의 사업군이 어디에 있는가에 따라 정확하게 정해진 것은 없지만, 보통은 기업가치가 100억~1,000억 원일 경우에 투자 유치가 일어나면 이를 Series A 투자라고 한다. Series A 투자 이후에 기업가치 1,000억 원 이상의 스타트업이 투자 유치를 할 때 Series B 투자라고 하는데, 자주 쓰는 용어는 아니지만, 기업가치가 10억~100억 원 사이의 초기 스타트업이 Series A 투자 유치 전 단계에서 투자 유치를 하는 경우를 Pre-Series A라고 한다.

씨드 펀드는 앞서 말했듯이 창업자 본인과 FFF인 개인투자자들이 주로 하게 되는데, 실제로 매출을 낼 수 있는 제품이 없어도 사업 아이템 기획과 초기 MVP만 가지고도 투자가 이루어진다. 이때 직접적으로 씨드 투자도 하며, 창업에 대한 교육과 후속 투자 연계활동도 함께하며 극초기 스타트업의 성장을 도와주는 악셀러레이터(Accelerator) 기업이나 엔젤투자자

(Angel Capital: AC)들이 있는데, 이러한 경우에 사업 경험이 많은 악셀러레이터나 엔젤투자자들이 스타트업의 성공 확률을 최대한 높이려고 씨드 투자한 스타트업에게 많은 지원을 하게 된다.

이렇게 극초기 스타트업이 씨드 투자를 받고서, 직원도 늘어나고 제품도 어느 정도 준비가 되어서 매출이 일어나는 등의 성장 가능성을 보여주게 되면, 후속 투자인 Pre-Series A, Series A, Series B 등의 규모 있는 투자를 진행하게 되는데, 이 정도 투자 라운드에서도 엔젤투자자나 악셀러레이터가 참여할 때도 있지만, 이때부터는 벤처캐피탈(Venture Capital: VC)이나 자산운용사 또는 금융회사 등 기관투자자들이 투자 라운드를 주도적으로 진행하게 된다.

물론 Series B 단계 이후에 Series C, Series D 투자 라운드도 있는데, 이때는 사모 펀드(Private Equity) 또는 증권사, 기존 Series B에서 투자에 참여한 기관 또는 대기업의 투자회사(Conglomerate VC: CVC)가 투자에 참여하게 되며 다음 단계인 상장(IPO)이나 대규모 M&A를 준비하게 된다.

5.5.2 초기 투자활동을 위한 팁: 사업의 8할은 인맥! 손발이 부지런해야 한다

내가 가장 존경하는 아버님은 서울대가 혜화동에서 관악구 신림동으로 옮기는 것을 보시고서는 신림동이 대한민국 교육 1번지가 될 것이라 예상하셨다. 그래서 아버님은 1975년 즈음 관악구 신림동에 거처를 잡으셨고, 나는 걸음마를 막 떼기 전부터 미국 유학을 갈 때까지 인생의 전반기 대부분을 신림동에서 보내게 되었다. 나름 서울에서 자연 친화적인 신림동에서 어린 시절을 보낸 후에, 1993년에 신림동 소재의 광신고등학교에 진학을 하였는데, 학교 앞은 온통 논과 밭이었고, 실제로 황소 두 마리가 밭을 갈고 있었다. 아직도 수업 중에 졸다가 황소울음 소리에 놀라 깨어났던 기억이 있다. 그 당시 광신고등학교 뒤편은 신림 10동 밤골이라 불리던 달동네 빈민가였는데, 문이 없는 공동 화장실이 학교에서도 훤하게 보이던 동네였다. 나는 가끔 예전 살던 신림 6동이나 10동 골목길을 찾아가 보곤 한다. 신림동은 서울에서 개발이 가장 늦은 동네 중에 하나인지라, 아직도 초등학교 시절 내가 뛰놀던 골목과 집들이 그대로여서 마치 어린 시절로 시간 여행을 온 것 같다. 이렇게 내 고향 신림동을 찾을 때면, 이제는 칠순을 훌쩍 넘기신 어머님께서 아주 어릴 적부터 지금까지도 나에게 계속 이야기해 주시는 말씀이 생각난다.

"성공하려면 손발이 부지런해야 한다!"

그러고서 어머니는 그 의미를 하나하나 친절히 설명해 주시고는 하셨다. 여기서 '손'은 편지를 쓰거나 전화를 거는 것인데, 성공하려면 연락을 자주 해야 한다는 것이다. 그 당시에는 이메일이나 SNS가 없어서 어머님은 내게 그렇게 설명해 주셨다. 요즘으로 치면 이메일이나 SNS을 통해서 지인들과 자주 연락하여 나의 관심사나 근황을 공유하고, 특히 경조사가 있을 때 또는 명절에 자주 연락하며 소통하라는 것이리라. 그래서 "손이 부지런해야 한다"는 말은 얼굴을 직접 보지 않더라고, 연락을 자주 하라는 말씀이셨다. 그래서인지 요즘도 나는 미팅을 마치거나 도움을 청하고 나서는 꼭 감사 노트(Thank You Note)를 메일로 보내거나 SNS를 통해 인사를 드리고 근황을 공유한다. 그리고 이렇게 보낸 감사 노트는 나에게 지속적으로 주변의 많은 분들에게 감사할 수 있는 기회를 가져다주었다.

그 다음으로 '발'은 발로 뛰어다니며 사람들을 직접 만나는 것이다. 요즘 같은 팬데믹 시대에는 온라인 미팅이 많아진 탓에 예전보다 얼굴을 보면서 사람을 만나는 일이 부쩍 줄었다. 이런 때일수록 한 번이라도 더 발품을 팔아서 사람을 만나는 일은 더욱 값지게 느껴지기 마련이다. 팬데믹 덕분에 직접 보는 것이 전보다 더 흔치 않은 일이 되었으니 얼마나 좋은가! 내 경험상 거의 모든 중요한 결정은 눈을 마주보고 상대의 체온을 느끼며 함께할 때 이루어졌다. 또한 사람과의 이해관계로 인한 오해나 문제는 직접 만나서 얼굴을 맞대고 이야기해야 부드럽게 문제없이 풀리게 된다.

자, 이제 우리의 손과 발을 부지런히 움직여 보자. 그러면 분명히 기회가 생길 것이고, 그 어려운 초기 스타트업의 투자와 인생에서 원하는 것들을 하나씩 이룰 수 있을 것이다. 신림동 코흘리개 꼬마가 이제는 글로벌 창업을 만들어 가고, 전 세계를 누비며 즐거운 인생을 살 수 있게 만들어 준 어머님의 한마디, “손발이 부지런해야 한다”를 오늘도 되새기며 열심히 투자자와 스타트업을 만나러 이리저리 달리고 있다.

5.6 글로벌 스타트업으로 성장하기 위한 전략

스탠퍼드 대학 유학 중 처음으로 글로벌 스타트업의 창업 생태계를 접했다. 실리콘밸리 가득한 창업의 열기와 함께하던 나의 젊은 시절, 나는 위치 기반 온라인 유통 플랫폼 사업에 도전하였었다. 준비가 부족하기도 하였고, 투자 유치가 중요한 시기에 금융위기까지 덮쳐 글로벌 스타트업으로 성공시키지는 못했지만 당시의 경험은 그 후 ‘습관성 창업 증후군’을 앓게 된 밑거름이 되었다. 2009년 스탠퍼드 졸업 후, 싱가포르로 옮긴 후 스마트그리드(Smart Grid), 기업평가 SNS, 초소형 연료전지 등의 사업을 해왔으며, 이와 더불어 3D 프린팅, 임플란트, 스마트팩토리, 레지던스, 서비스 플랫폼 등의 창업활동을 계속해 왔다. 이러한 해외 창업 경험을 바탕으로, 한국의 글로벌 스타트업을 이야기하는 데 있어 "왜 싱가포르인가?"를 싱가포르의 스타트업 지원 기관, 전략 및 생태계, 한국 스타트업의 아세안 기반 글로벌 스타트업 지원 플랫폼 등의 실제 사례 중심으로, 한국 스타트업이 싱가포르를 통해 글로벌 스타트업으로 성장할 수 있는 가능성과 이를 지원하는 프로그램 등에 대해서 살펴보도록 하겠다.

5.6.1 글로벌 스타트업, 왜 싱가포르인가?

예전부터 최고의 글로벌 기업 환경을 자랑해 온 싱가포르였지만, 싱가포르에 '스타트업 열풍'이 불기 시작한 것은 얼마 되지 않았다. 최근 들어 싱가포르는 글로벌 교역 및 비즈니스 활동이 용이한 싱가포르의 지역적 입지와 언어(영어, 중국어) 인프라, 정부 주도의 창업 지원 정책 등을 기반으로 글로벌 창업 생태계가 빠르게 자리 잡아가고 있다. 운 좋게도 나는 싱가포르의 글로벌 창업 환경이 자리 잡혀가는 시기인 2010년에 싱가포르 창업 지원 기관 및 협회와 함께 다수의 스타트업 육성 프로젝트에 참여해 왔으며, 이를 통해 싱가포르의 스타트업 지원 정책 및 전략, 그리고 싱가포르 현지 스타트업이 글로벌 스타트업으로 발전하는 과정을 직접 경험할 수 있었다.

지난 2017년 11월 중순, 한국 정부는 '신남방정책'을 발표하였다. 이는 동남아시아(이하 아세안(ASEAN))와 한국의 관계를 한국과 주요 4대국

(미 · 중 · 일 · 러)과의 긴밀한 관계 수준으로 끌어올리는 것을 주요 골자로 하고 있다. 아세안 지역이 예전의 값싼 노동력을 기반으로 하는 생산기지를 넘어, 한국의 5대 비즈니스 시장의 하나로 탈바꿈하게 될 것이라는 내용인데, 이러한 한국의 신남방정책을 기조로 하여 아세안을 기반으로 많은 비즈니스 기회가 만들어졌으며, 앞으로 한류의 영향과 더불어 더 많은 사업 기회가 있을 것으로 예상한다. 이에 아세안의 주요국 중 하나인 싱가포르가 왜 한국의 스타트업을 글로벌 스타트업으로 성장시킬 수 있는 하나의 플랫폼이 될 수 있는지에 대하여 알아보자.

(1) 아세안 시장을 대표하는 중심지로서 싱가포르

아세안 시장은 6억 3천 명에 이르는 세계 3대 거대 경제시장으로서 Top 5 아세안 국가는 세계적으로도 높은 성장성(연평균 5.06%)을 보이고 있으며, 아세안 시장의 교두보로서의 싱가포르는 그 중추적 역할을 하고 있다. 특히 싱가포르를 테스트 마켓(Test Market)으로 하여 성공한 비즈니스 모델이 다른 아세안 국가에서 성공을 거둘 수 있는 가능성이 높다.

(2) 싱가포르의 글로벌 비즈니스 인프라와 한류

많은 아세안 국가들이 사업 진행의 불확실성, 우수 인력 유치의 한계, 글로벌 비즈니스 인프라 부재 등으로 실제 비즈니스를 진행하는 데 있어 어려움이 많은 것이 현실이다. 반면, 싱가포르는 글로벌 비즈니스를 하기 좋은 최상의 국가로 알려져 있으며, 주변의 아세안 국가는 물론 중국, 인도 등의 거대 시장으로 진출할 수 있는 교두보 역할도 하고 있다. 이러한 싱가포르의 글로벌 비즈니스 인프라는 싱가포르의 정부 주도의 글로벌 스타트업 지원시스템, 싱가포르 현지에 진출해 있는 글로벌 투자자 그룹(벤처캐피탈, 앤젤캐피탈, 사모펀드), 기술사업화를 적극 지원하는 세계 최상위권 대학(싱가포르 국립대학(NUS), 난양공과대학(NTU))으로 이어지는 민－관－학의 유기적인 협력을 바탕으로 이루어져 있다. 이와 함께 다년간 한류를 통해 쌓아온 한국에 대한 긍정적인 이미지, 신남방정책으로 인한 한국 정부의 적극적인 지원을 토대로 한국의 유수 스타트업 기업이 글로벌 스타트업 기업으로 성장할 수 있는 최상의 조건을 갖춘 나라 중의 하나이다.

5.6.2 숫자로 보는 싱가포르의 스타트업 인프라

2016년 세계은행(World Bank)에서 발간한 〈2017 Global Start-up Ecosystem Report〉에 따르면, 싱가포르의 스타트업 경쟁력은 한국과 비교해 볼 때 많은 부분에서 우위를 차지하고 있다. 대표적으로 시장의 소비자 구매력을 보여주는 구매력평가지수(Purchasing Power Parity: PPP)는 싱가포르가 87,856달러인 반면, 한국은 35,751달러를 보여 한국에 비해 싱가포르의 높은 구매력을 볼 수 있다. 또한 스타트업 관련 자금 및 투자 환경, 글로벌 연결지수(Global Connection Index) 또한 싱가포르가 한국에 비해 5배 정도 큰 수치를 보여준다([그림 5-5] 참조).

[그림 5-6]은 세계은행에서 발표한 2017년 세계 각 도시의 글로벌 스타트업 생태환경 순위인데, 안타깝게도 순위가 20위까지만 선정되어 있어, 순위에서 한국의 도시들을 찾아볼 수는 없다. [그림 5-6]에서와 같이 싱가포르는 여러 분야에서 글로벌 스타트업을 하기 좋은 환경을 가지고 있고, 특히 주목할 만한 점은 인재(Talent) 부문에서 세계 1위를 기록하고 있다

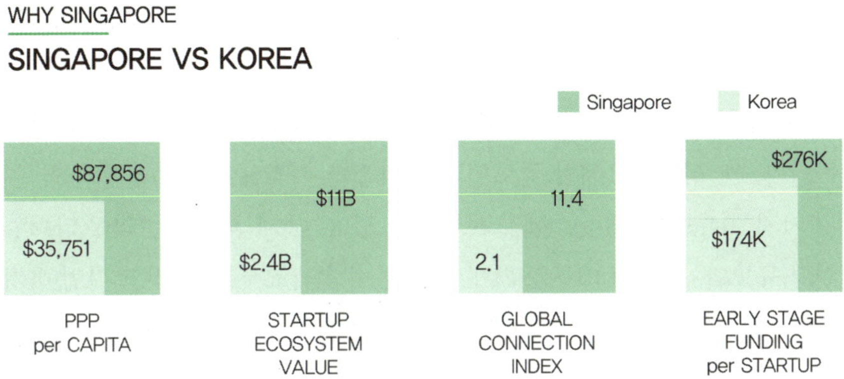

출처: World Bank(2016), Global Startup Ecosystem Report 2017.

그림 5-5 | 싱가포르와 한국의 스타트업 인프라 비교

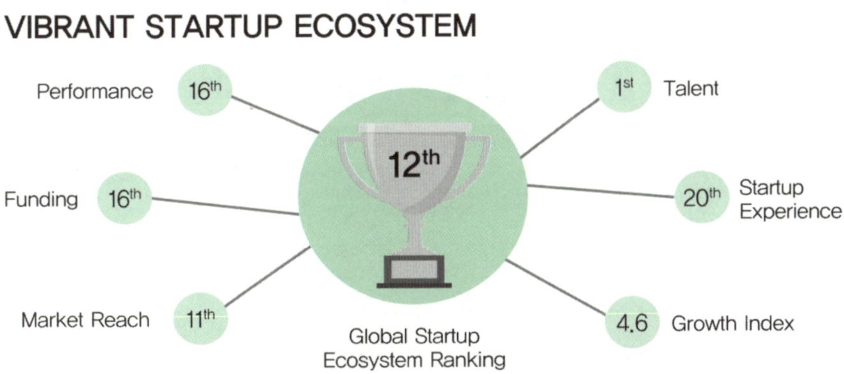

출처: Global Startup Ecosystem Report 2017.

그림 5-6 | 싱가포르의 스타트업 생태시스템 글로벌 경쟁력

는 것이다. 이는 싱가포르는 해외의 우수한 스타트업이나 인재들을 적극적으로 영입하고, 싱가포르 스타트업뿐만 아니라 해외의 스타트업에게 많은 투자 기회가 주어진다는 의미로 볼 수 있다. 특히 싱가포르는 한국의 기술 스타트업에 많은 관심을 가지고 있으며, 앞으로 한국 중소기업, 스타트업의 아세안을 통한 글로벌 진출에 있어 싱가포르가 교두보로서 큰 역할을 할 가능성이 크다고 생각한다.

이러한 글로벌 스타트업 생태시스템(Ecosystem)의 우수한 경쟁력뿐만 아니라, 왜 싱가포르에서 글로벌 비즈니스를 시작해야 하는지에 대한 여러 가지 이유를 [그림 5-7]에서 보여주고 있다. 세계 최고 수준의 스타트업 펀딩 규모와 6억 3천 인구의 거대 아세안 시장의 교두보, 그리고 기업 하기 좋은 나라(세계 1위), 적극적인 정부 주도의 정책 등이 왜 싱가포르가 글로벌 스타트업을 꿈꿀 수 있는 인프라를 갖춘 나라인지를 보여주고 있다.

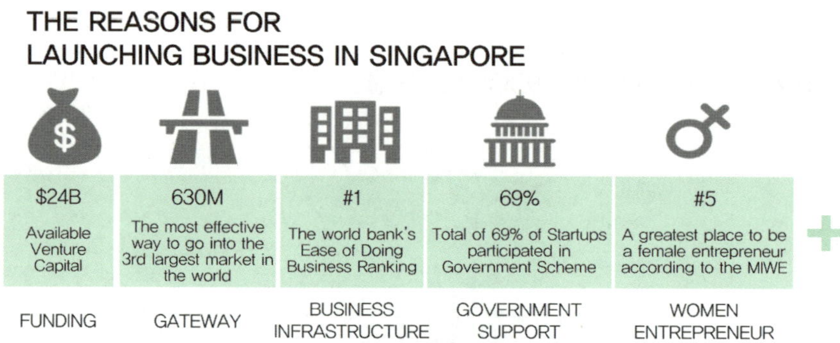

출처: Asian Venture Capital Journal 2016.

그림 5-7 | 싱가포르에서 글로벌 비즈니스를 시작하는 이유

5.6.3 싱가포르의 창업 지원 기관

싱가포르는 정부의 적극적인 지원하에 현지 스타트업을 글로벌 스타트업으로 성장시키는 플랫폼을 발전시켜 왔다. 이러한 싱가포르의 정부 주도형 스타트업 성장 정책은 현재 한국 정부의 스타트업 지원 정책과도 많은 공통점을 가지고 있다. 이러한 창업 플랫폼의 근간이 되는 싱가포르의 대표적인 창업 지원 기관과 간략한 특징은 아래와 같다.

(1) A*STAR(Agency for Science, Technology and Research, 과학기술청)

A*STAR는 싱가포르 정부의 연구 지원 기관으로서, 산학연구를 통한 연구 결과물의 사업화를 지원하고 이를 통한 스핀오프(Spin-off) 기반 스타트업을 지원한다. 몇 년 전까지만 해도 A*STAR는 기초 연구 지원이 주류를 차지하였지만, 최근에는 기초 연구 지원보다 연구 결과물의 사업화에 더욱 중점을 두고 있으며, 산하 연구소 연구원의 창업을 적극 지원하고 있다.

(2) ACE(Action Community for Entrepreneurship, 기업가 활동 커뮤니티)

ACE는 싱가포르 스타트업의 초기 시드 펀딩을 지원하며, 공공기관 투자, 개별 사업 투자를 지원하는 기관이다. 싱가포르 창업 허브인 원노스(One-north) 지역의 Block 79에 위치하며, 초기 스타트업에 대한 오피스 공간 지원, 회사 설립 및 자문, 법률 등에 관한 지원도 함께 하고 있다.

(3) IDA(Infocomm Development Authority, 정보통신개발청)

싱가포르의 스타트업 인큐베이팅(Incubating)을 중점적으로 맡아 진행하며, ICT 기반 4차 산업혁명, 스마트시티, 빅데이터, 핀테크 관련 스타트업 지원을 하고 있다. Block 79의 BASH(Build Amazing Start-ups Here) 창업 공간을 운영하고 있으며, 주로 창업 초기(Early Stage) 스타트업에 대한 지원을 하고 있다.

(4) EDB(Economic Development Board, 경제개발청)

싱가포르 스타트업의 글로벌 진출을 지원하며, 싱가포르 정부기관, 학교, 기업 간의 공동 투자를 통해 규모 있는 글로벌 사업으로 성장할 수 있도록 지원한다. ACE 또는 iDA를 통해 성장한 초기 스타트업이 글로벌 기업으로 성장할 수 있도록 도와주며, 해외 유수 대기업과 정부, 학교 3자간 공동 투자 유치 또는 M&A 등도 지원한다.

(5) SPRING(중소기업청)

한국의 중소벤처기업부에 해당하는 기관으로서 싱가포르의 혁신 중소기업, 스타트업의 해외진출, 전략, 네트워크, 사업화 자금 등을 지원한다. 중소기업에 대한 지원뿐만 아니라 스타트업에 대한 지원을 지속적으로 늘려가고 있으며, 선정된 스타트업 기업에 한하여 한화 2~5억 원 규모의 POC(Proof of Concept), POV(Proof of Value) 사업화 자금을 지원한다. 이 지원자금은 순수한 지원자금으로 지분 희석이 없이 이루어지고 있으며, 한국의 예비창업패키지나 초기창업패키지와 유사한 성격의 사업화 지원 정책이라고 볼 수 있다.

5.6.4 싱가포르 대표 산학 인큐베이터, NTUitive와 교원 스타트업 기술 사업화 사례

싱가포르 정부의 창업 지원 기관과 함께 글로벌 스타트업으로 성장 가능성이 있는 초기 스타트업을 육성하는 싱가포르 정부 지정 대표 인큐베이터 또한 스타트업 육성에 있어 매우 중요한 역할을 하고 있다. 한국의

TIPS와 유사한 구조인 기술 기반 초기 회사에 매칭 펀드 형식으로 운영되며, 여기서는 싱가포르의 대표 산학 스타트업 인큐베이터이며 내가 주로 협업을 하고 있는 난양공과대학(NTU)의 NTUitive를 소개해 본다.

(1) 싱가포르 NTU의 산학 인큐베이터: NTUitive Private Limited

NTUitive Pte. Ltd.는 NTU 산하 지주회사로서 NTU 내에서 개발된 기술 기반 스타트업의 지원을 담당하고 있다. NTUitive는 연구개발자인 교수나 연구원의 기술사업화 및 기술평가, 특허 출원, 라이선싱, 초기 창업 지원, 시장 분석 R&D, 정부기관과의 협력을 통한 펀딩 지원 등이 주요 업무이며, 2019년까지 190건 이상의 라이선싱 5,000회 이상의 해커톤(Hackathons), 스타트업 이벤트(Start-up Event), 부트캠프(Bootcamp) 등을 진행하고 있다. 이러한 초기 기술 기반 스타트업 지원을 통해, 총 미화 1,000만 달러의 스타트업 펀딩을 통한 31개의 스타트업을 인큐베이팅하였으며, NTUitive를 통하여 13개의 회사가 스핀오프하였고, 앞으로도 많은 기술 기반 스타트업이 NTUitive의 지원을 통해 글로벌 스타트업으로 성장할 것이다.

(2) 싱가포르의 교원 스타트업 기술사업화 프로세스와 사례

싱가포르 정부는 싱가포르의 교원이나 학생, 연구원의 기초 연구 결과물 중 기술사업화가 가능한 기술성숙도(Technology Readiness Level: TRL) 7~9단계의 아이템에 대하여 엄격한 심사를 거친 후, 연구 결과물의 사업화 준비 상황에 맞추어 단계별 사업자금 및 멘토링 지원을 하고 있다. 이러한 지원은 NTUitive뿐만 아니라 NRF(National Research Foundation), SMART(Singapore MIT Alliance for Research and Technology) 등의 기관들과 협업하여 진행되고 있다.

싱가포르 정부의 기술사업화 펀드 선정기준은 사업 아이템의 혁신기술 국제 특허 유무, 최소기능제품(MVP) 유무, 타깃 시장의 규모와 사업 확장성, 투자자본수익률(Return of Investment: ROI) 시점 등이며, 이러한 요건을 갖춘 교원 창업자에 한하여 글로벌 벤처캐피탈을 대상으로 여러 단계의 IR을 실시하게 된다. 이 과정을 통해 글로벌 기업으로의 성장 가능성이 있다고 평가되는 교원 창업 사업 아이템을 선정하며, 선정된 사업 아이템은 각 개발 단계에 맞는 지속적인 지원을 받게 된다. 좀 더 구체적으로는 Ignition Grant(한화 4,000만 원)를 시작으로 초기 사업화의 틀을 준비하고, Innovation POC(Proof of Concept) Grant(한화 2억 원)와 POV(Proof of Value) Grant(한화 4억 원)를 통해 시제품을 완성하며, NRF Central Gap Funding(한화 6억 원 이상 80억 원 이하) 지원을 통해 실제 사업화를 진행하게 된다. 사업화 자금 지원 이외에도, 초기 Ignition Grant 선정 시점부터 싱가포르 정부는 교원 창업자에게 그들의 기술사업 분야에 맞는 글로벌 벤처캐피탈 등 스타트업 인큐베이팅 전문가를 멘토로 지정하여 지속적으로 지원하고 있으며, 이 모든 프로세스를 NTUitive와 같은 교내 창업 지원 기관이 창업 초기부터 교원 창업자들과 함께 일하며 지원하고 있다.

실례로, 나는 2011년부터 2015년까지 싱가포르 교육부 MOE(Ministry of Education), A*STAR, NRF 등으로부터 30억 원의 연구 지원자금을 받아 드론용 실리콘 초소형 연료전지기술에 대한 기초 연구를 진행해 왔으며, 그 연구 결과물의 상용화 가능성을 인정받아, 2015년부터 NTUitive로부터 사업화 과제로 선정되어 사업화 지원 프로세스에 들어갔다. 그 첫 단계로서 NTUitive는 반도체 공정기업인 'Global Foundries'와 군용 드론 동력시스템 분야의 글로벌 선두주자인 'Horizon Energy'와 특허에 대한 LOI(letter of Intent)와 기술 공동 개발 협약을 진행하였다. 이를 기반으로 교수, 학생, 연구원과 함께 핵심 기술 및 공정에 대한 국제 특허 출원 및 등록을 진행하였다. 이러한 국제 특허를 기반으로 2016년부터 NRF-SMART Ignition Grant, Innovation POC Grant 등의 지원을 받아 MVP의 제작을 진행하였다. 이 단계까지의 사업화 지원자금에 대해서는 회사 설립의 의무가 없으며, 따라서 NTU의 교원 및 학생은 지분 희석 없는 순수 사업화 지원자금을 정부로부터 단계별로 지원을 받을 수 있었다.

이와 같이 싱가포르는 정부의 여러 창업 지원 기관과 초기 창업을 지원하는 산학 인큐베이터의 유기적인 협업을 통해 많은 교원 창업기업들이 글로벌 스타트업 기업으로 성장할 수 있는 토대를 마련해 주고 있다.

5.6.5 한국 스타트업의 글로벌 스타트업 시작 플랫폼(KILSA Global)

다년간 싱가포르에서 한국의 중소·스타트업 기업의 글로벌 진출을 지원해 오며 체험한, "한국 중소·스타트업 기업들이 국내를 넘어서 글로벌 기업으로 성장하는 데 있어서 반드시 고려하고 준비해야 할 사항"은 아래 세 가지로 정리해 볼 수 있다.

(1) 혁신적인 글로벌 비즈니스 모델

많은 한국의 혁신기업들이 뛰어나고 독창적인 기술만 있으면 해외투자가 성공적으로 이루어진다고 생각한다. 하지만 오랜 기간의 R&D 투자 후 막대한 결실을 가져오는 바이오 산업과 같은 몇몇 분야를 제외하고는 혁신적인 기술 자체보다는 그 기술을 적용하여 만들 수 있는 혁신적인 비즈니스 모델에 투자가 이루어지고 있다. 따라서 명확하고 매력적인 글로벌 상업화 모델이 무엇인지 제시할 수 있어야 한다. 싱가포르 정부도 이론적인 기술개발보다는 기술을 이용한 비즈니스 혁신에 더 무게를 두고 민-관 생태계를 구축해 가고 있는 실정이다.

(2) 글로벌 시장의 이해

아무리 혁신적인 비즈니스 아이템이라 하더라도 해당 시장의 소비자 문화, 행동양식 및 산업구조에 따라 사업의 성패가 달라질 수 있다. 예를 들어 사물인터넷(IoT)을 접목한 스마트 냉장고가 한국의 바쁜 직장인 부부에게 인기가 있다고 하더라도 대부분 집에 가사도우미가 있어 냉장고 관리가 용이한 싱가포르의 경우에는 큰 효력이 없을 수도 있는 것처럼 말이다. 높은 소득 수준과 다양한 인종 및 문화가 뒤섞여 있는 싱가포르는 그런 의미에 글로벌 시장의 축소판이자 징검다리 역할을 하는 테스트 마켓이라고 할 수 있다. 국내 수요에 최적화되어 개발된 솔루션과 제품들이 싱가포르 테스트 마켓을 거치면서 가다듬어지고, 주변 아세안 국가와 미주, 유럽으로 나가는 점진적인 성장 모델이 한국의 중소·스타트업 기업에 있어 현실적으로 가능한 글로벌 진출 비즈니스 모델이 될 것이다.

(3) 글로벌 스타트업의 초석: 글로벌 멤버 구성

글로벌 투자자가 스타트업에 투자를 할 경우 가장 중요시하는 것 중의 하나가 바로 '멤버'라고 할 수 있다. 사람은 누구나 위험을 회피하고 싶은 본능이 있기 때문에, 뚜렷한 담보가 있거나 눈에 보이는 기술 그리고 바로 믿을 만한 사람이 있어야 안심을 하고 투자를 하기 때문이다. 기술을 개발하는 것도 사람이고, 그 기술을 통하여 혁신적인 비즈니스를 만들어 내는 것도 사람이다. 그리고 무엇보다 그러한 비즈니스를 글로벌하게 키워 내는 것도 사람이 하는 것이다. 글로벌 비즈니스를 위해서는 그 조직의 문화가 글로벌로 확장하는 데 어색하지 않을 수 있는 언어, 문화, 그리고 역량이 되어야 한다.

이와 같이 중소·스타트업 기업이 글로벌 기업을 꿈꾼다는 것은 또 다른 차원의 성장을 위한 어려운 도전이다. 따라서 한국의 스타트업이 글로벌 기업으로 성장하기 위해서는 이러한 도전을 극복할 수 있도록 지원해 줄 수 있는 유기적이고도 체계적인 플랫폼이 절실히 필요하다고 생각했다. 이에 싱가포르와 아세안 지역의 스타트업 인큐베이팅 전문가, 글로벌 투자자, 아세안 지역 비즈니스 파트너 등의 지인들이 모여 'Korea Innovation Launchpad in Singapore Association(이하 KILSA Global)'을 설립하게 되었다.

이와 같이 KILSA Global은 한국의 혁신 중소기업들과 스타트업 기업들이 싱가포르 및 아세안 지역을 기반으로 한 글로벌 진출을 지원하기 위해 설립된 싱가포르 공식 협회인데, 현재 싱가포르를 중심으로 아세안 주요 국가인 말레이시아, 베트남, 태국, 인도네시아, 필리핀 등 총 6개국에서 글로벌 창업 전문가 회원들이 활동을 하고 있다. 이러한 아세안 지역의 네트워크를 기반으로 KILSA Global은 한국 중소·스타트업 기업의 글로벌 투자 유치, 파트너십 발굴, 기술 자문 등을 주요 활동으로 하고 있으며, 현재 경기도 내 우수 중소기업 및 스타트업의 글로벌 진출 지원을 위한 아세안 지역 공식 파트너로 활동 중이다.

특히 KILSA Global은 그동안 한국의 여러 대학들과 글로벌 창업교육 프로그램을 진행하며, 한국 대학의 해외 창업교육 발전에 많은 기여를 해왔다. KILSA Global의 글로벌 창업 교육 프로그램은 Global 투자 유치를 위한 IR 교육, 아세안 내 현지 투자자 및 창업가들과 네트워킹, 그리고 실제 투자자들을 대상으로 한 IR 등으로 진행되며, 한국 대학 창업팀들의 아세안 기반 글로벌 진출 가능성을 높이는 데 목표를 두고 있다(www.kilsaglobal.com).

지난 10여 년간 적도의 도시국가 레드닷(Red Dot) 싱가포르에서 아세안 지역이 정부의 신남방정책과 한류의 바람을 타고 새로운 기회의 땅으로 변모하고 있는 것을 보았다. 아세안에서 불어오는 변화와 기회의 바람이 싱가포르를 거쳐 한국의 중소 · 스타트업 기업들이 글로벌 기업으로 성장할 수 있는 기회를 가져올 것이라 감히 예상해 본다. 글로벌 스타트업의 전진기지 싱가포르에서 많은 한국 스타트업들이 글로벌 유니콘 기업으로 성장하는 즐거운 상상을 해본다.

〈Design Thinking 실전 창업〉을 마치며

여기까지 나와 함께 실전 창업을 위한 여정을 함께해 왔다면, 이제 여러분은 준비된 예비 창업자라고 감히 말할 수 있다. 창업에 대한 열정 하나로 많은 실전 창업 수업에서 강의해 왔던 내용들과 실전에서 경험한 초기 창업에 대한 이야기들을 여러분들과 나누어 봤다. 섣불리 창업을 했다가 경제적으로나 심적으로 많이 힘들어했던 기억이 아직도 가슴속에 남아 있다. 만일 내가 10여 년 전 창업을 할 때 누군가 실제 창업에 관한 이야기를 해 주었더라면, 실패를 덜 했거나 실패로 인해 덜 힘들지 않았을까?

내가 실제로 창업을 해오면서 얻은 나의 작은 경험들이 여러분들이 창업을 조금 더 이해하고, 실제로 창업을 하는 데 있어서 조금이라도 도움이 되기를 바라는 희망을 가지고 〈Design Thinking 실전 창업〉을 여기서 마치고자 한다.

Appendix

부록

부록 1 실전 Startup IR Deck

부록 2 실전 Business Model Canvas(BMC)

부록 3 창업자 간/주주 간 계약서(Founder's Agreement)

부록 1 | 실전 Startup IR Deck

| 3D 프린팅 공정 최적화 솔루션 |

3D 프린팅 공정 최적화 AI 엔진

3D 프린팅의 문제

생산 결과
예측 부재

공정 중 모니터링
기술 부재

높은 공정
숙련도 요구

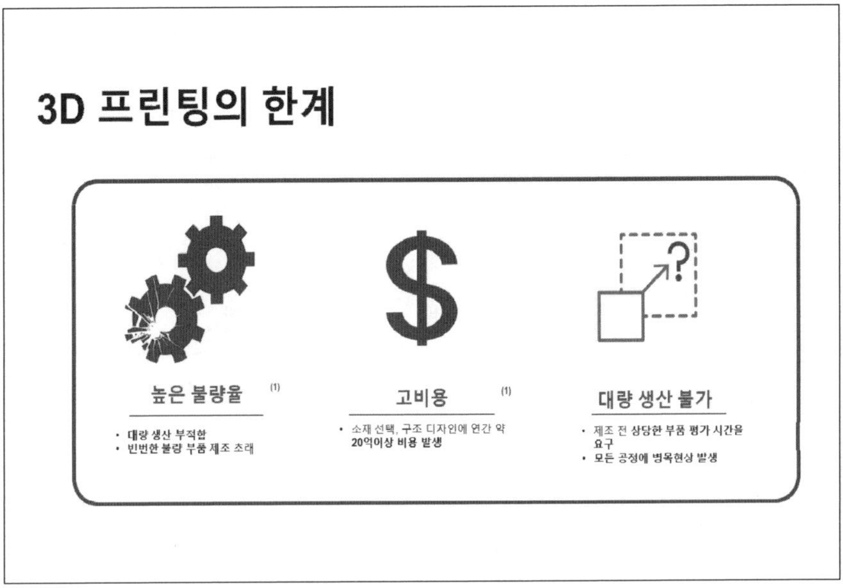
3D 프린팅의 한계
높은 불량율 (1)
• 대량 생산 부적합
• 빈번한 불량 부품 제조 초래
고비용 (1)
• 소재 선택, 구조 디자인에 연간 약 20억이상 비용 발생
대량 생산 불가
• 제조 전 상당한 부품 평가 시간을 요구
• 모든 공정에 병목현상 발생

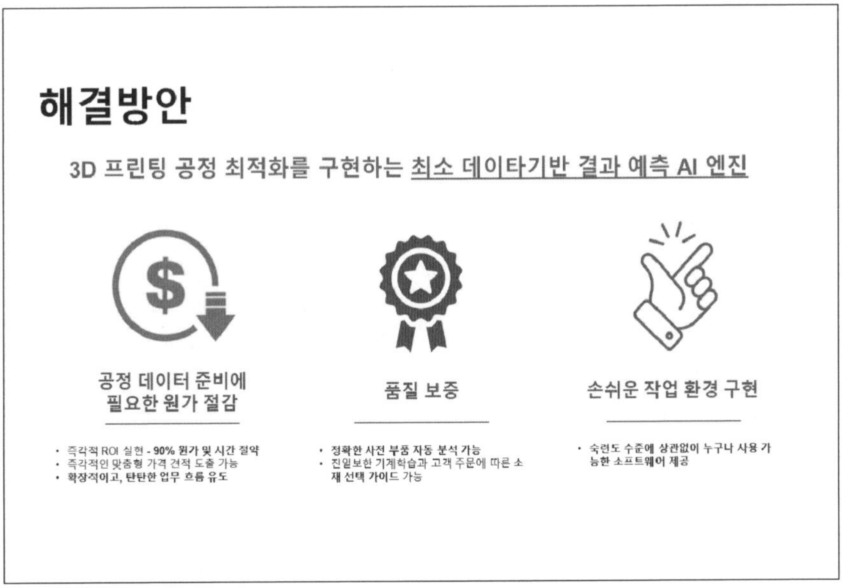
해결방안
3D 프린팅 공정 최적화를 구현하는 최소 데이타기반 결과 예측 AI 엔진
공정 데이터 준비에 필요한 원가 절감
• 즉각적 ROI 실현 - 90% 원가 및 시간 절약
• 즉각적인 맞춤형 가격 견적 도출 가능
• 확장적이고, 탄탄한 업무 흐름 유도
품질 보증
• 정확한 사전 부품 자동 분석 가능
• 진일보한 기계학습과 고객 주문에 따른 소재 선택 가이드 가능
손쉬운 작업 환경 구현
• 숙련도 수준에 상관없이 누구나 사용 가능한 소프트웨어 제공

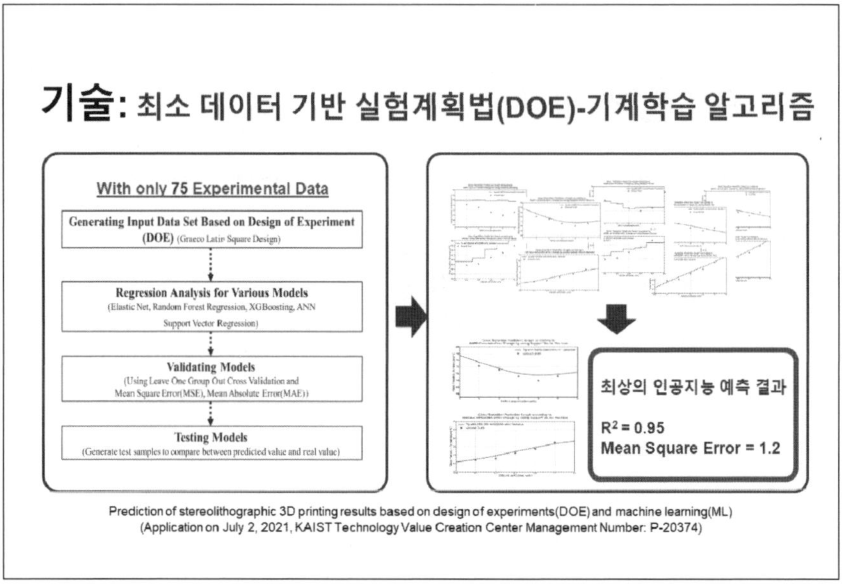

기술: 최소 데이터 기반 실험계획법(DOE)-기계학습 알고리즘
With only 75 Experimental Data
Generating Input Data Set Based on Design of Experiment (DOE) (Graeco Latin Square Design)
Regression Analysis for Various Models
(Elastic Net, Random Forest Regression, XGBoosting, ANN Support Vector Regression)
Validating Models
(Using Leave One Group Out Cross Validation and Mean Square Error(MSE), Mean Absolute Error(MAE))
Testing Models
(Generate test samples to compare between predicted value and real value)
최상의 인공지능 예측 결과
R² = 0.95
Mean Square Error = 1.2
Prediction of stereolithographic 3D printing results based on design of experiments(DOE) and machine learning(ML)
(Application on July 2, 2021, KAIST Technology Value Creation Center Management Number: P-20374)

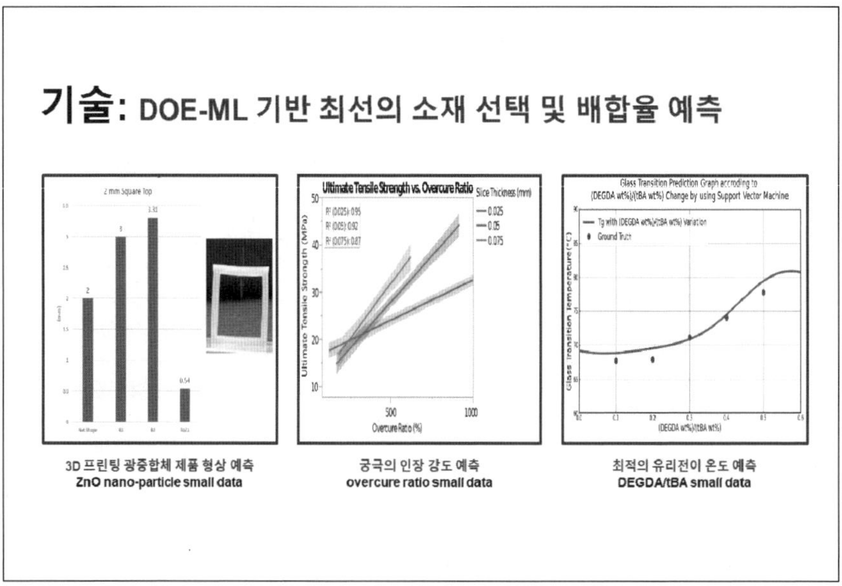

기술: DOE-ML 기반 최선의 소재 선택 및 배합율 예측
2 mm Square Top
Ultimate Tensile Strength vs. Overcure Ratio
Slice Thickness (mm)
Ultimate Tensile Strength (MPa)
Overcure Ratio (%)
Glass Transition Prediction Graph according to (DEGDA wt%)/(tBA wt%) Change by using Support Vector Machine
Ground Truth
(DEGDA wt%)/(tBA wt%)
3D 프린팅 광중합체 제품 형상 예측
ZnO nano-particle small data
궁극의 인장 강도 예측
overcure ratio small data
최적의 유리전이 온도 예측
DEGDA/tBA small data

제품

3D 프린팅 제조업자를 위한 클라우드 기반 공정 데이터준비 SaaS 플랫폼

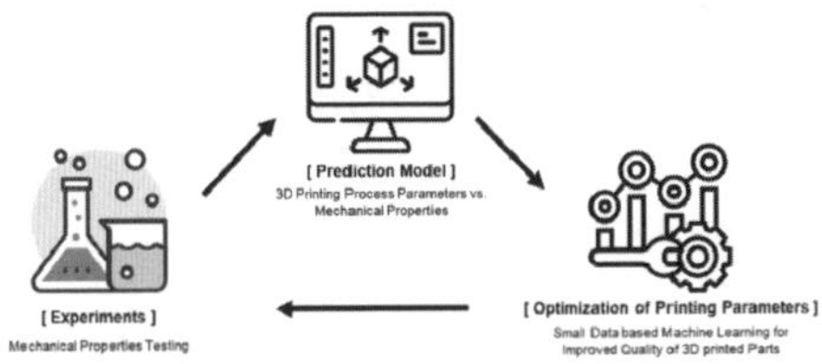

3D 프린팅에 필요한 소재 및 기계적 성질 실시간 예측 ➡ 최적의 공정 목표 달성

시장기회

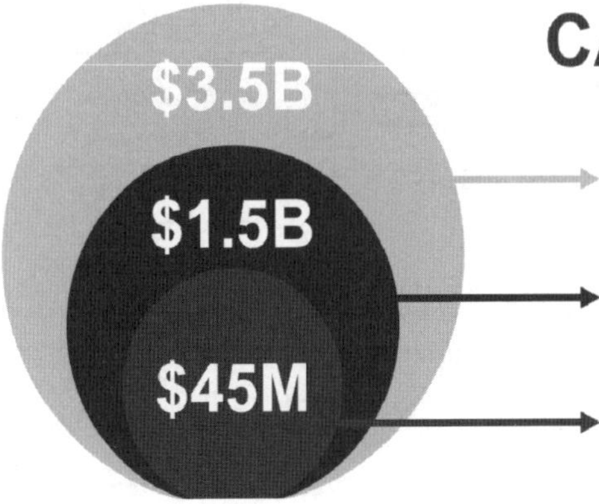

CAGR >22.2%
Est. 2025

전체 시장
글로벌 3D 프린팅 소프트웨어

진입 시장
의료/ 치과용 3D 프린팅을 위한 SW
(광경화 타입 3D 프린터 사용)

타겟 시장
진입시장의 3% (2025)

수익모델

사용자/ 네트워크 별 월 단위 지적재산권 사용료 부과

$600/월/사용자 — **6,250사용자** → **$45M**

기본 플랜

- **시장 평균 과금 하회**
- **고객 종류별 다이나믹 요금제 가능**
  (e.g) 연간 vs 원타임 구매
  사용자 수 제한 vs 네트워크 제한
  대기업 vs 중소기업 vs 학계/ 연구소

글로벌 타겟 시장

- 3D 프린팅 제조사: **350 +**
- 메탈 3D 프린터 제조사: **52+**
- 광경화 3D 프린터 제조사: **39 +**
- 메탈 소재 공급사: **26 +**
- 광중합체 소재 공급사: **24 +**
- 연구소/ 학교: **12 +**
- **총: 521 파트너사**
- **파트너사별 평균 12 사용자 계약**

2025년 예상 매출액

시장 진입 전략

한국 최대 3D 프린터 공급사와의 전략적 제휴

파트너십을 이용한 한국내 직접 영업 채널 구축

의료/ 치과용 3D 프린터 제조사와의 전략적 제휴

제조사별 프린터에 호환되는 소프트웨어 번들링 판매

글로벌 소프트웨어 공급사와의 전략적 제휴

파트너사 소프트웨어에 자사 AI 엔진 탑재

글로벌 3D 프린터 제조사와의 파트너십

박람회, 이벤트 참여

치과용 제품 생산 제조업체 대상 직접 영업 채널 구축

성장 전략

1단계
- **광중합 방식 3D 프린팅 시장 진입**
- 투명교정기 시장 진입

2단계
- **의료용 3D 프린팅 시장 진입**
- 사업 플랫폼화

3단계
- **메탈 3D 프린팅 시장 진입**
- 다양한 산업군(우주/ 항공 등) 대상 적용 사례 개발

경쟁구도

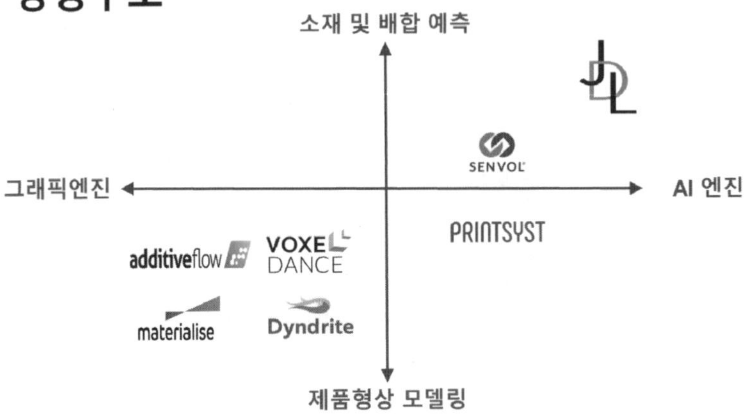

경쟁 우위

파라미터 / 특성	DOE-ML SaaS (JDL)	Senvol (미국)	Printsyst (이스라엘)	Materialise (벨기에)
최소 데이터 기반 기계학습 예측 역량	✓✓✓✓	⊗	⊗	⊗
미확인 소재 조합 발견 역량	✓✓✓	⊗	⊗	⊗
새로운 3D 프린팅 기능 적용 역량	✓✓✓✓	⊗	⊗	✓
기계적 특성 예측 역량	✓✓✓✓	✓✓	⊗	✓
AI 엔진 사용 여부	✓✓✓	✓	✓	⊗
기계학습 예측 정확성	✓✓✓	✓✓	✓	⊗
공정 파라미터 최적화	✓✓✓✓	✓✓	✓✓	✓✓

타임라인

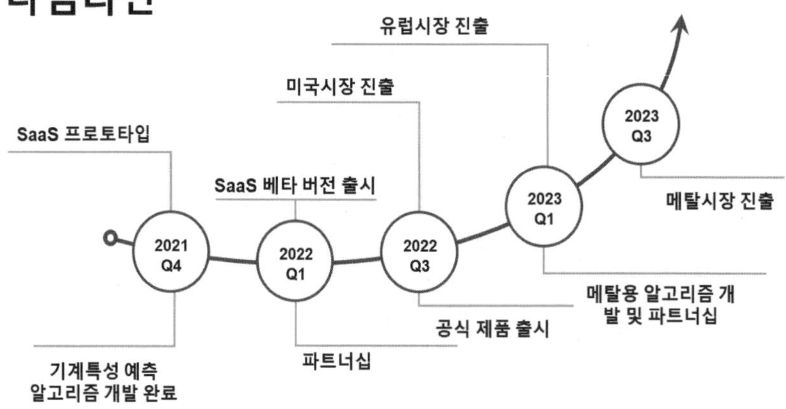

투자

엔젤 투자 모집

1억 5천만원

Funding Traction

1. 한국연구재단 NRF: 5억원(2019~2022)
2. 카이스트 End Run: 1억5천만원 (2019 ~ 2021)
3. 예비창업패키지: 3천만원 (2020)
4. 초기창업패키지: 1억원 (2021)

자금 사용 계획

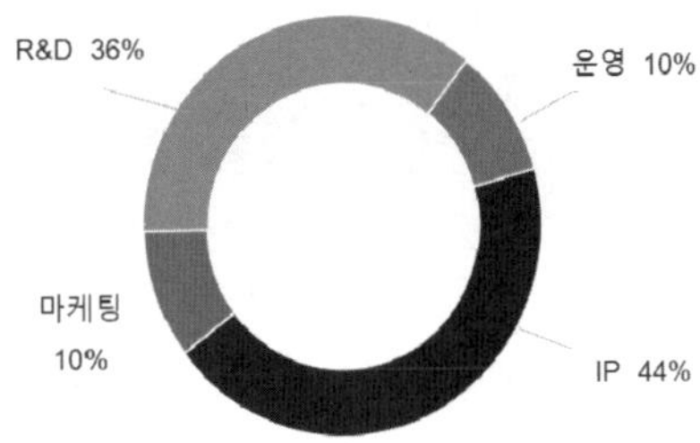

Team

Small data tells Big solution
AI Solution for Precision Manufacturing

윤용진
(CTO)

카이스트 기계공학과 교수 / 난양공대 겸임 교수

| 메신저 연동 스마트 행사 운영 툴 |

Pain point 2 – 참여자의 어려움

참가자들간의 소통창구 부재

엑셀러레이팅 창업 교육, 온라인 대회, 학회/세미나, 발표회 등

행사 정보, 경험 공유	아이디어, 제품/서비스 피드백	팀원, 사업 파트너 찾기
정보, 경험 공유	상호 피드백 제공	팀원, 파트너 찾기

모두 하나로 소통할 수 있을까?

Solution(해결책)

카카오톡(메신저)와 Handshaker 연결

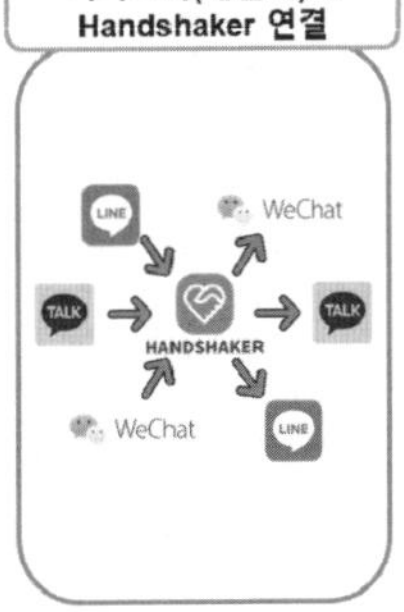

Handshaker 게시판에 공지사항 업로드

손내밀기 Feedback 및 네트워크 진행

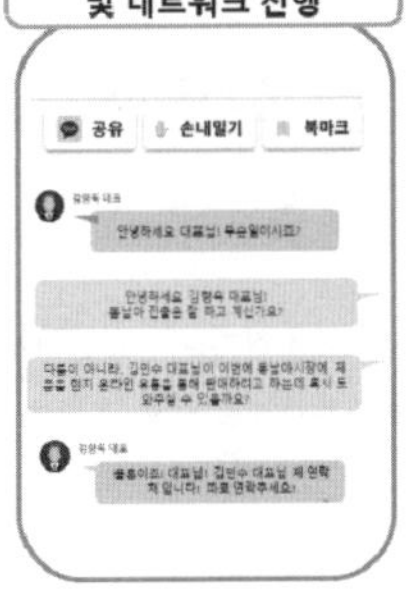

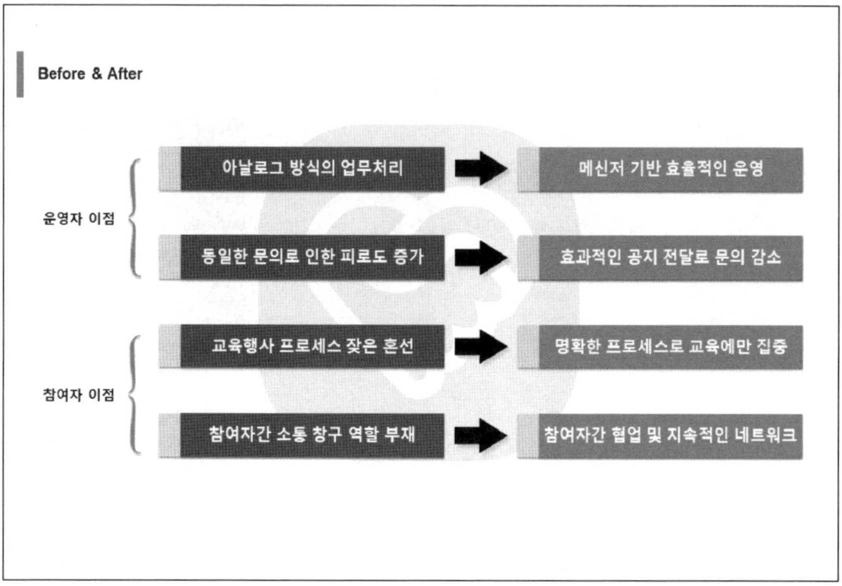
Before & After
운영자 이점
아날로그 방식의 업무처리
메신저 기반 효율적인 운영
동일한 문의로 인한 피로도 증가
효과적인 공지 전달로 문의 감소
참여자 이점
교육행사 프로세스 잦은 혼선
명확한 프로세스로 교육에만 집중
참여자간 소통 창구 역할 부재
참여자간 협업 및 지속적인 네트워크

실전창업패키지1기
운영자 이점
손쉬운 진행 및 공지전달
300명 이상의 참여자에게 개별연락이 아닌
카카오톡 오픈톡방을 통한 간편한 공지 전달
TALK
HANDSHAKER

실전창업패키지1기

운영자 이점

모든 온라인 진행 툴 한 곳에

운영에 필요한 모든 툴
핸드쉐이커로 한 곳에 정리

실전창업패키지1기

운영자 이점

1:1 응대 피로 감소

주요 정보 채팅봇 (인공지능) 도입
참여자의 정보 접근성 강화

실전창업패키지1기

참여자 이점

참여자간 소통 창구 제공

Handshaker 기반 참여자간 소통

Kakaotalk 단톡방의 보완재 활용

실전창업패키지1기

참여자 이점

원활한 아이디어 공유 및 피드백

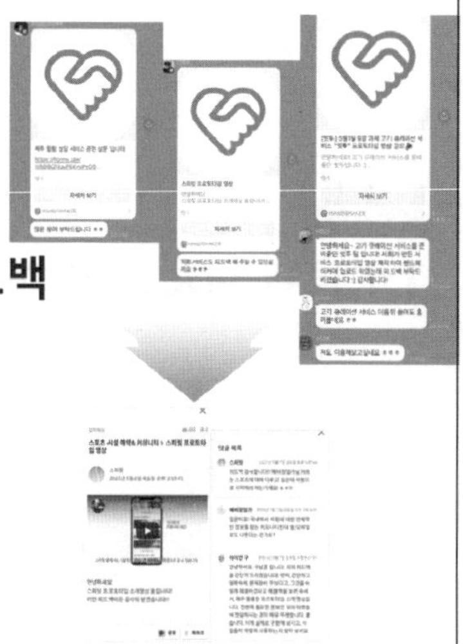

핸드쉐이커를 통해 스스로 아이디어, 설문 공유

수강생 간 적극적인 피드백과 참여

실전창업패키지1기

참여자 이점

협업 및 팀원 리크루팅

정보공유와 활동과

오프라인 미팅 요청, 팀원 찾기 진행

실전창업패키지1기

참여자 이점

지속적인 네트워킹

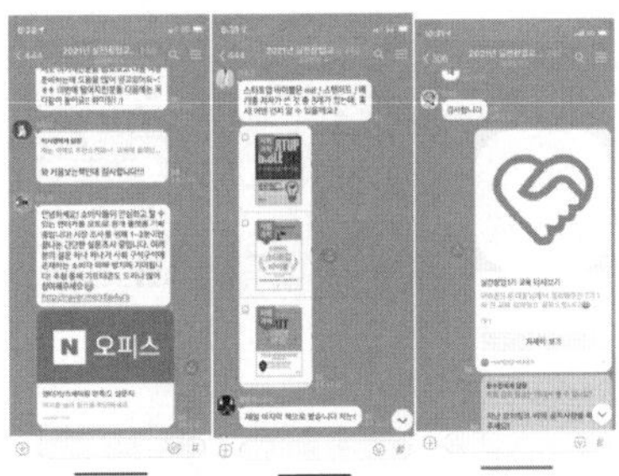

행사 공식 종료 후 에도

240명 이상 남아서 지속적인 네트워크 활동 진행

실적

- 5년간 국내 / 해외 다수의 IT 전문 교육 프로그램
- 실전 창업 교육 운영 실적 보유 (대학, 엑셀러레이팅)
- 미국 실리콘밸리, 동남아 시장 진출 프로그램 및 네트워크 보유
- 국내 / 해외 대학교, 기업, 스타트업 네트워크 보유

Market Size

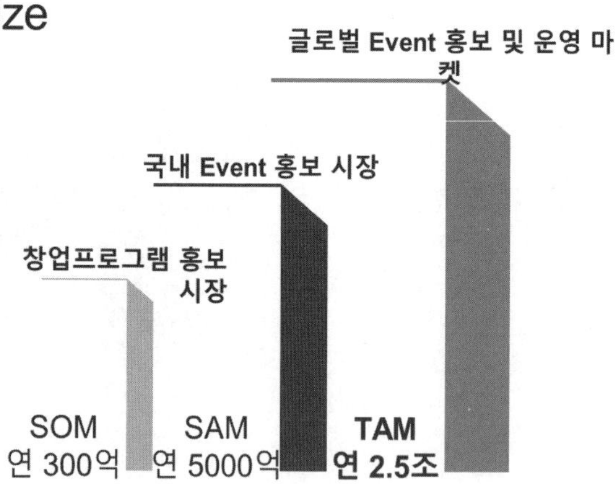

Competition

경쟁사 분석

	(앱 로고)	EVENT US	onoffmix.com	Meetup
카카오톡 오픈톡 기반 홍보 및 모집	✓	✗	✗	✗
인공지능 기반 행사 운영 툴 제공	✓	✗	✗	✗
메신저 앱 연계 기반 네트워크	✓	✗	✗	✗
참여자간 피드백 툴 제공	✓	✗	✗	✗

Business Model

운영 플랫폼 사용료 (행사운영기관)

프로그램, 대회, 학회, 세미나 등등
운용 플랫폼 사용 **수수료**

교육 / 프로그램 직접 기획 및 운영

창업보육 프로그램 기획 및 운영,
차후 투자자 연계 및
해외 온/오프라인 판매 영업망 연결

참가자 홍보 및 모집

회원 대상으로 정부기관 및 투자자 주관
프로그램 **참여자 모집 광고를 통한 수익**

Funding Strategy

Pre-series A

US$500K

2020 Sales

$400K

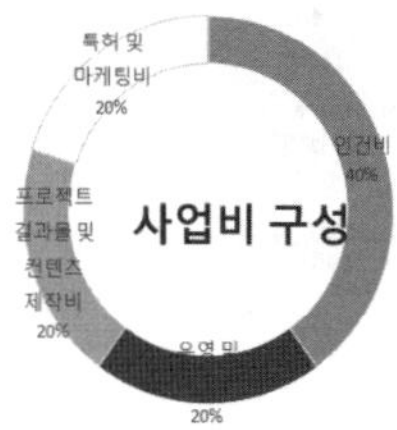

Team

Partnership

Get in Touch

| 인공지능 기반 뇌졸중 진단 솔루션 |

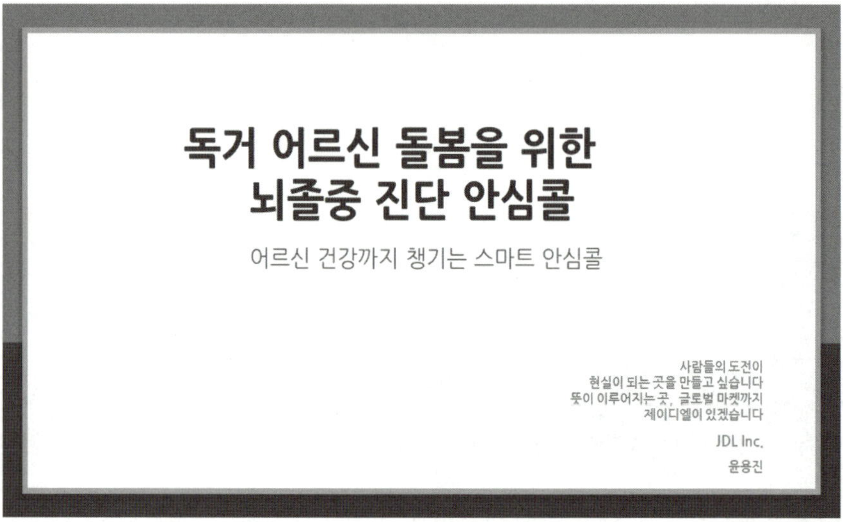

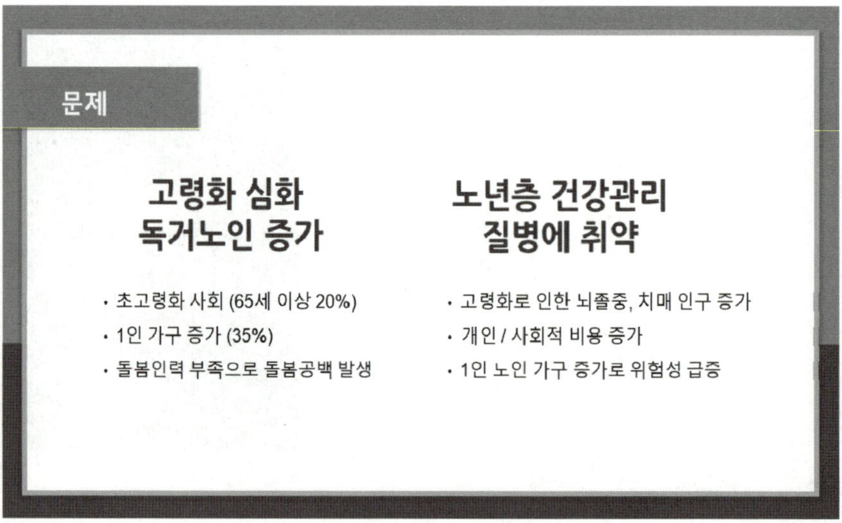

해결방안

전화 돌봄 안심콜

- 전화 통화를 이용한 비대면 돌봄
- 독거 어르신의 사회적 고립감 완화
- 전담 상담원 배치로 정서케어
- 취업 취약계층에게 고용창출 효과

인공지능 음성분석 뇌졸중 진단

- 질병의 조기 발견
- 뇌졸중 골든타임내 빠른 진단
- 예방적 돌봄서비스 실현
- AI로 돌봄서비스의 효율성 향상

기술

음성분석 뇌졸중 위험도 진단 시스템

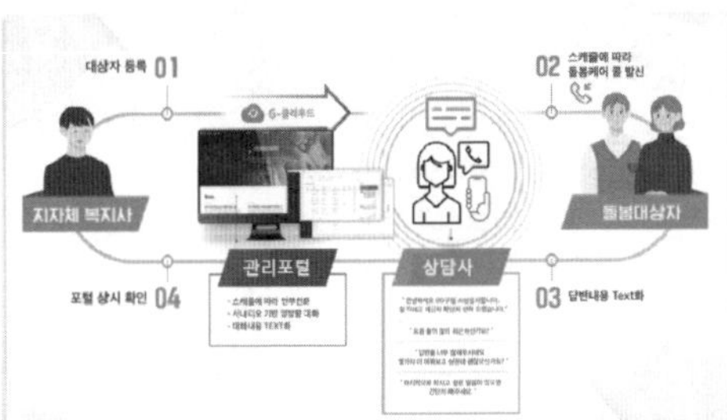

기술

음성분석 뇌졸중 위험도 진단 시스템

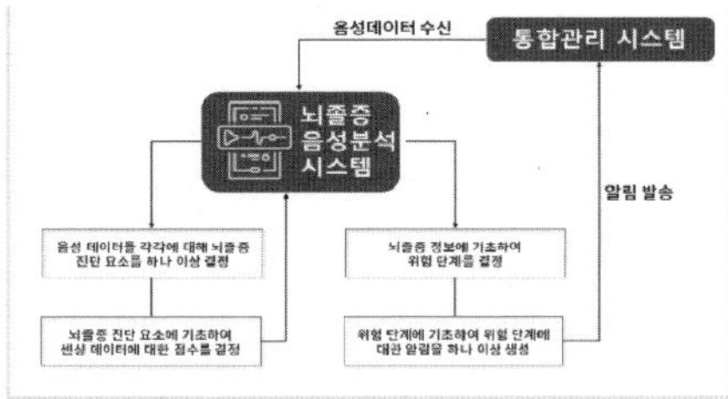

개발방안

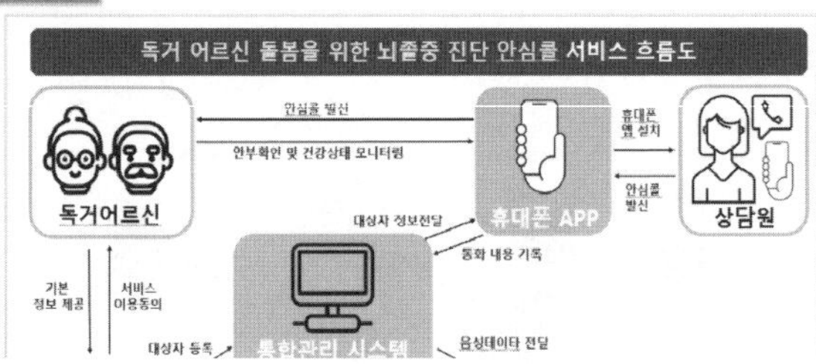

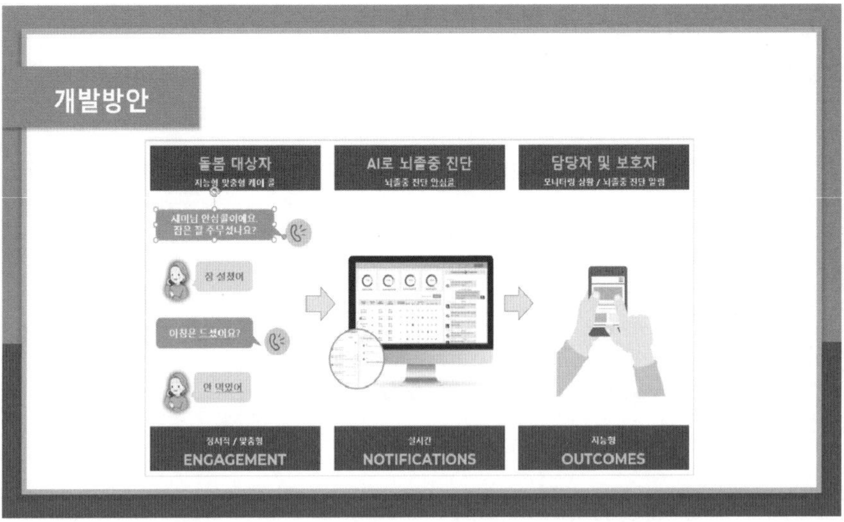
개발방안
돌봄 대상자
지능형 맞춤형 케어 콜
AI로 뇌졸중 진단
뇌졸중 진단 안심콜
담당자 및 보호자
모니터링 상황 / 뇌졸중 진단 알림
새미님 안심콜이에요.
잠은 잘 주무셨나요?
잠 설쳤어
아침은 드셨어요?
안 먹었어
정서적 / 맞춤형
ENGAGEMENT
실시간
NOTIFICATIONS
지능형
OUTCOMES

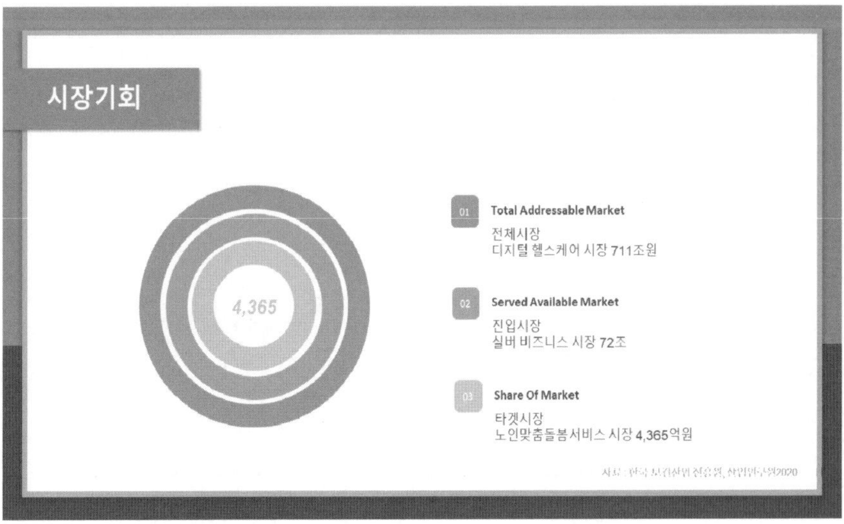
시장기회
4,365
01
Total Addressable Market
전체시장
디지털 헬스케어 시장 711조원
02
Served Available Market
진입시장
실버 비즈니스 시장 72조
03
Share Of Market
타겟시장
노인맞춤돌봄서비스 시장 4,365억원

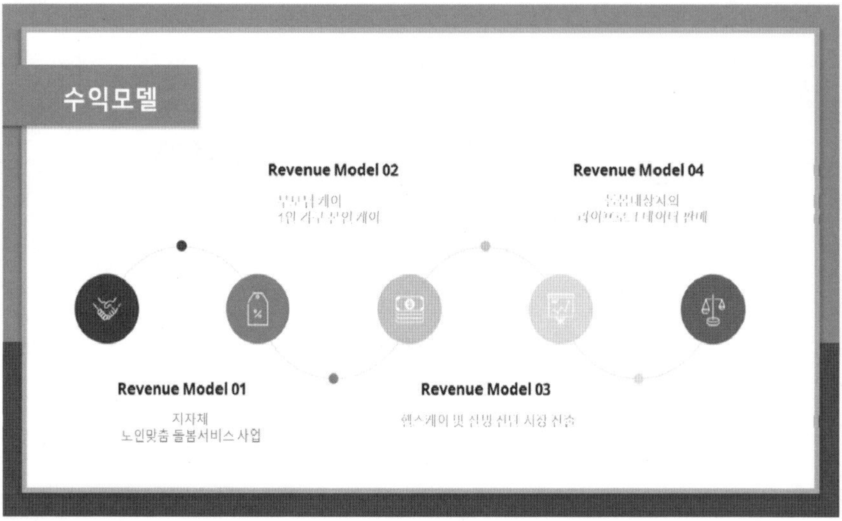

수익모델
Revenue Model 02
Revenue Model 04
Revenue Model 01
지자체
노인맞춤 돌봄서비스 사업
Revenue Model 03
헬스케어 및 질병 진단 시장 진출

시장진입전략
Go-To Market
01
Launch
• B2G 지자체 맞춤돌봄서비스
• B2B 기업고객
• B2C 일반고객
• 이용 대상 확대
02
Strategy
• 지자체 맞춤형 서비스
• 노인맞춤돌봄시스템 연동
03
Growth
• 음성분석 질병 진단
• 뇌졸중 진단
• 라이프로그 데이터 축적
04
Traction
• 질병진단 다각화
• 음성분석 기술 고도화

성장전략

경쟁구도

	JDL 안심콜	SK 케어콜	KT 케어콜
음성 데이터 AI분석을 통한 뇌졸중 진단서비스	✓	⊗	⊗
비대면	✓	✓	✓
서비스 편의성	✓✓✓✓✓	✓✓	✓✓
대화 기능	✓✓✓✓✓	✓✓	✓✓
건강 생활 (복약지도, 운동) 관리	✓	⊗	⊗
돌봄 콜서비스 제공횟수	일 1회 ~3회	주 2회	월 1회
실시간 응급상황 대처 서비스	✓	⊗	⊗

경쟁우위

- 현재 생활지원사가 수행하는 대면서비스를 비대면 질병 진단 돌봄 서비스로 대체
- 음성데이터 분석을 통한 뇌졸중 및 치매 위험도 진단까지 가능한 원격 진료 돌봄 가능

Untact	전화통화를 이용한 비대면 질병 진단 및 돌봄 서비스 대상자수 확장 용이하여 돌봄 사각지대 최소화
Fast & Easy	유선전화, 2G폰, 스마트폰 상관없이 전화만 있다면 바로 서비스 가능 "전화통화" 라는 어르신 친화 인터페이스 이용
Interactive	인공지능 음성분석 통해 대상자의 건강 상태와 질환(뇌졸중) 진단 가능 일방적 정보 수집이 아닌 상호간의 정서적 소통으로 우울증 완화

투자

2022. 상반기
20억원 기술보증기금 투자 유치

2023.상반기
: TIPS 투자

2023년내
Series A
(예상 ticket size 50억)

[예상 사업 운영비 구성]
인건비 40%
운영 및 시설비 20%
프로젝트 결과물 컨텐츠 제작비 20%
특허 및 마케팅비 20%

Team

대표 윤용진

연구개발 총괄

현) 한국과학기술원 기계공학과 부교수

| 언택트 Makers 온라인 공작소 |

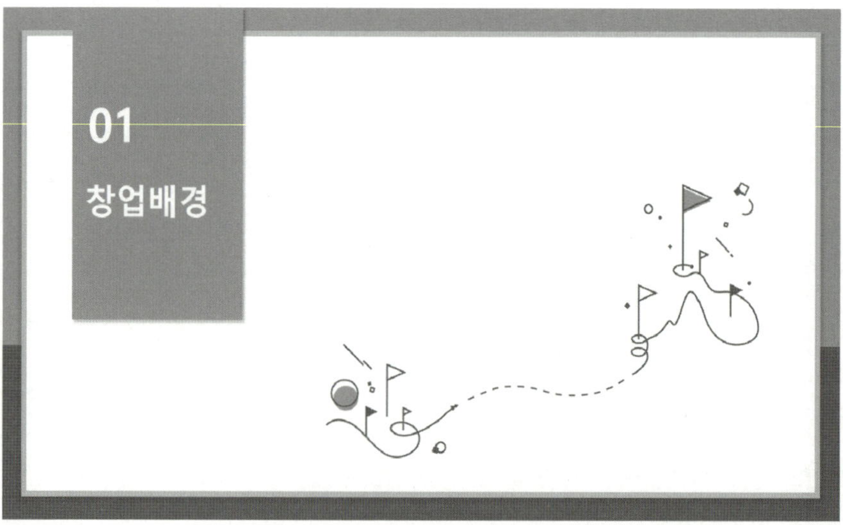

창업배경

코로나로 인한 기존 offline 교육 시스템의 급격한 붕괴! 변화는 기회!

인터넷 강의외 실습 수업의 언택트 시스템 대체 불가
실습 수업 (예, 창업 교육)의 Online 관리툴 부재
결과물 산출 이후 의미없이 사라짐!!!

창업배경

Offline 발명, 창업 프로그램 운영 경험을 통해 FLAGLY를 시작했습니다.

4년간 창업, AI 교육, 국제 발명 대회 개최 및 국내외 인턴, 취업 프로그램 운영
But, 대부분의 결과물이 제품을 통한 사업화로 연계 No! (after 연계 Infra 부재)
Why? 결과물 Quality가 MVP 수준에 못미침/Online 기반 판매, 홍보 연계 채널 No!

창업배경
그래서, Online Maker's 관리툴
FLAGLY를 개발하고 운영하고 있습니다
Online 상에서 "따라하면, 결과물이 나오는"프로젝트 운영툴 (강의방식 NO!)
결과물의 상품화: 제품화 전문가 Pool (가칭 Reviewer)를 활용하여, 제품 Quality 향상 및
각국 홍보자료 제작 (Fiverr 와 협업)
글로벌 One-stop 유통/판매 생태계 구축: 미국 실리콘밸리 부터 싱가폴까지 상품을
온라인으로 홍보 및 직접 판매 (WTP 과 협업)

FLAGLY Ecosystem
FLAGLY
We The People
미국 실리콘밸리 부터 싱가폴까지
상품을 온라인으로 홍보 및 직접
판매하여 글로벌 One-stop 유통/판매
생태계 구축
FLAGLY
We The People, Fiverr와 협업하여
언택트 Makers 플랫폼으로 성장
Fiverr
제품화 전문가 Pool (가칭
Reviewer)를 활용하여, 제품
Quality 향상 및 각국 홍보자료
제작

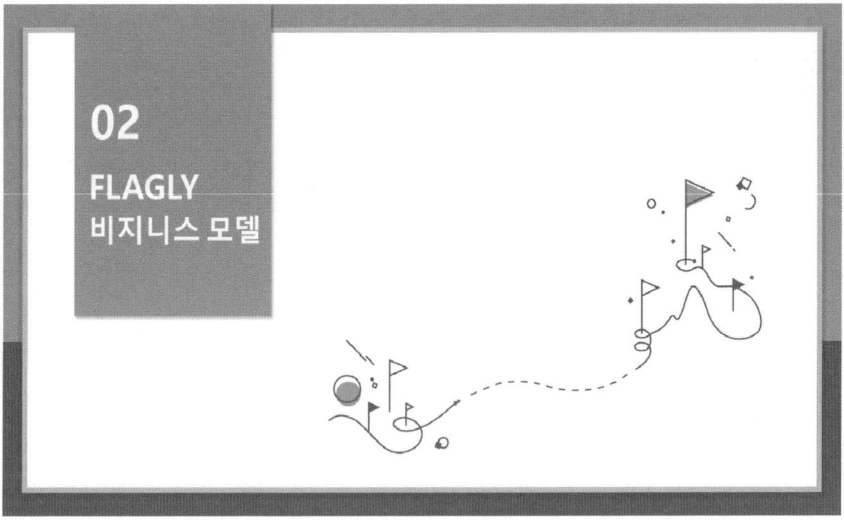
02
FLAGLY
비지니스 모델

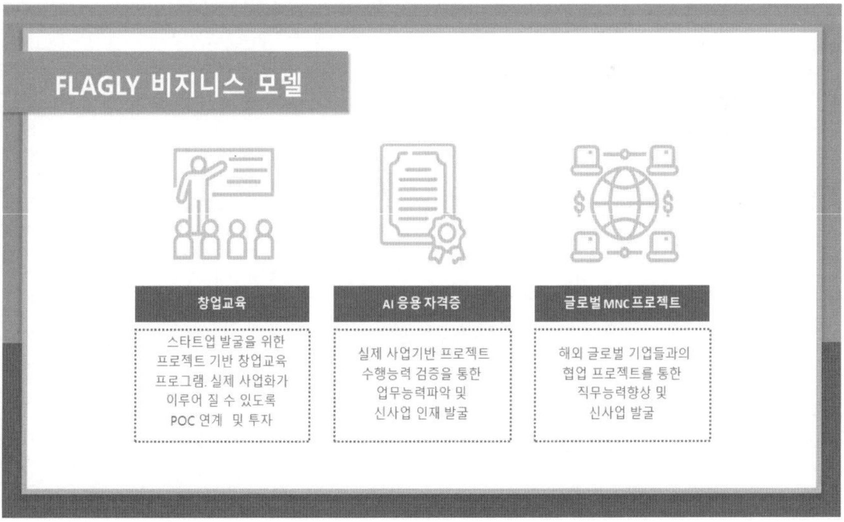
FLAGLY 비지니스 모델
창업교육
스타트업 발굴을 위한 프로젝트 기반 창업교육 프로그램. 실제 사업화가 이루어 질 수 있도록 POC 연계 및 투자
AI 응용 자격증
실제 사업기반 프로젝트 수행능력 검증을 통한 업무능력파악 및 신사업 인재 발굴
글로벌 MNC 프로젝트
해외 글로벌 기업들과의 협업 프로젝트를 통한 직무능력향상 및 신사업 발굴

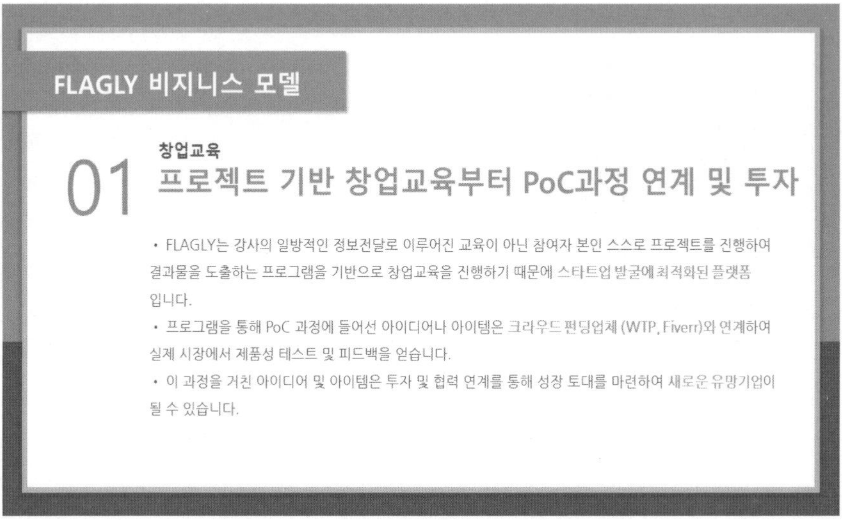
FLAGLY 비지니스 모델
창업교육
01
프로젝트 기반 창업교육부터 PoC과정 연계 및 투자
• FLAGLY는 강사의 일방적인 정보전달로 이루어진 교육이 아닌 참여자 본인 스스로 프로젝트를 진행하여 결과물을 도출하는 프로그램을 기반으로 창업교육을 진행하기 때문에 스타트업 발굴에 최적화된 플랫폼 입니다.
• 프로그램을 통해 PoC 과정에 들어선 아이디어나 아이템은 크라우드 펀딩업체 (WTP, Fiverr)와 연계하여 실제 시장에서 제품성 테스트 및 피드백을 얻습니다.
• 이 과정을 거친 아이디어 및 아이템은 투자 및 협력 연계를 통해 성장 토대를 마련하여 새로운 유망기업이 될 수 있습니다.

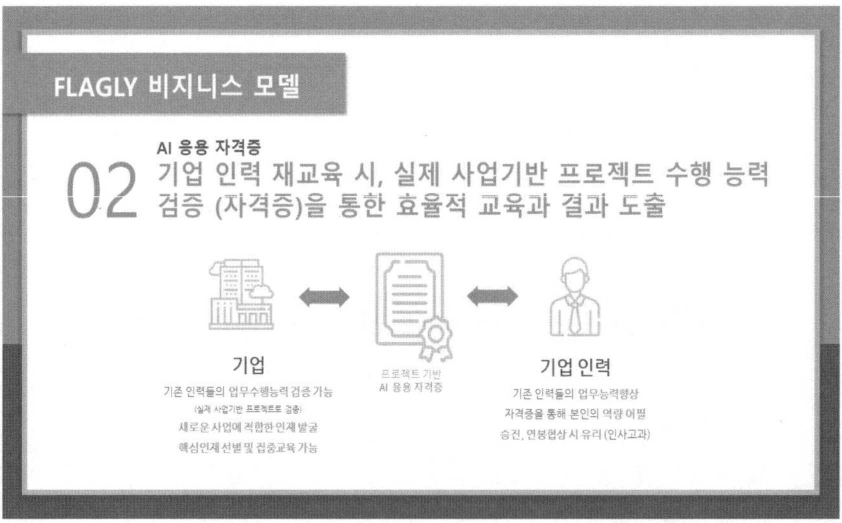
FLAGLY 비지니스 모델
AI 응용 자격증
02
기업 인력 재교육 시, 실제 사업기반 프로젝트 수행 능력 검증 (자격증)을 통한 효율적 교육과 결과 도출
기업
기존 인력들의 업무수행능력 검증 가능
(실제 사업기반 프로젝트로 검증)
새로운 사업에 적합한 인재 발굴
핵심인재 선별 및 집중교육 가능
프로젝트 기반
AI 응용 자격증
기업 인력
기존 인력들의 업무능력향상
자격증을 통해 본인의 역량 어필
승진, 연봉협상 시 유리 (인사고과)

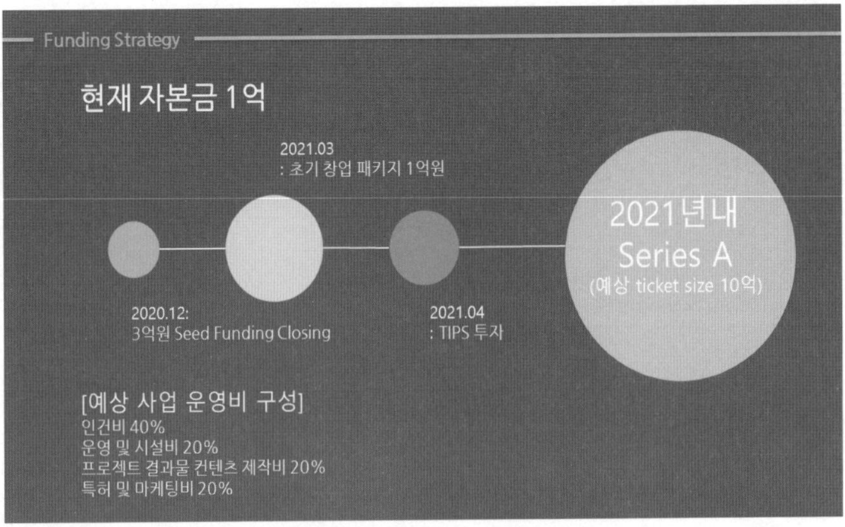
Funding Strategy
현재 자본금 1억
2021.03
: 초기 창업 패키지 1억원
2021년내
Series A
(예상 ticket size 10억)
2020.12:
3억원 Seed Funding Closing
2021.04
: TIPS 투자
[예상 사업 운영비 구성]
인건비 40%
운영 및 시설비 20%
프로젝트 결과물 컨텐츠 제작비 20%
특허 및 마케팅비 20%

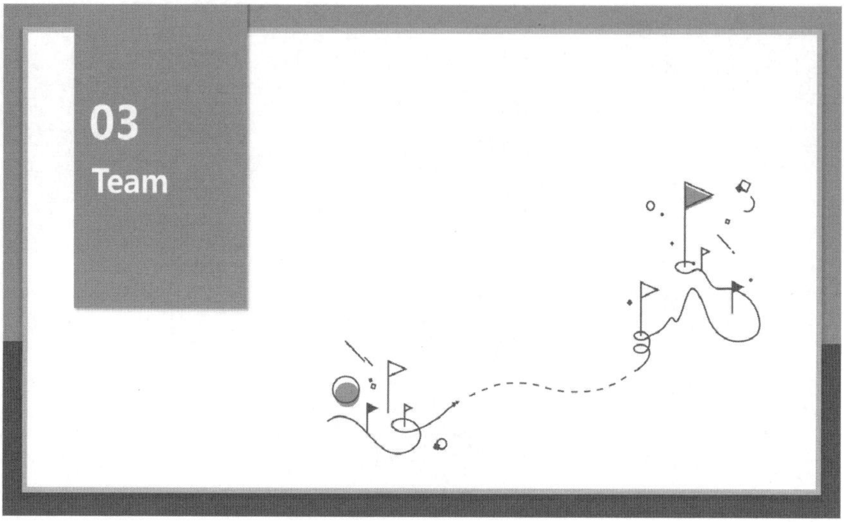
03
Team

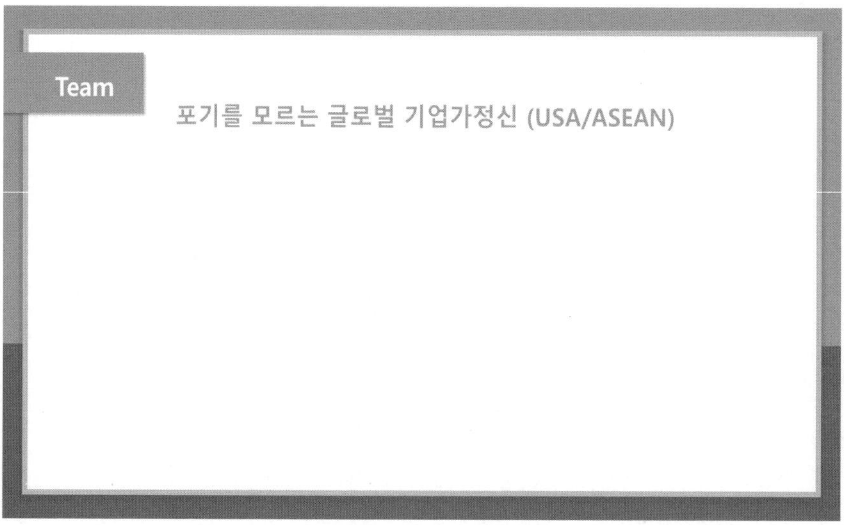
Team
포기를 모르는 글로벌 기업가정신 (USA/ASEAN)

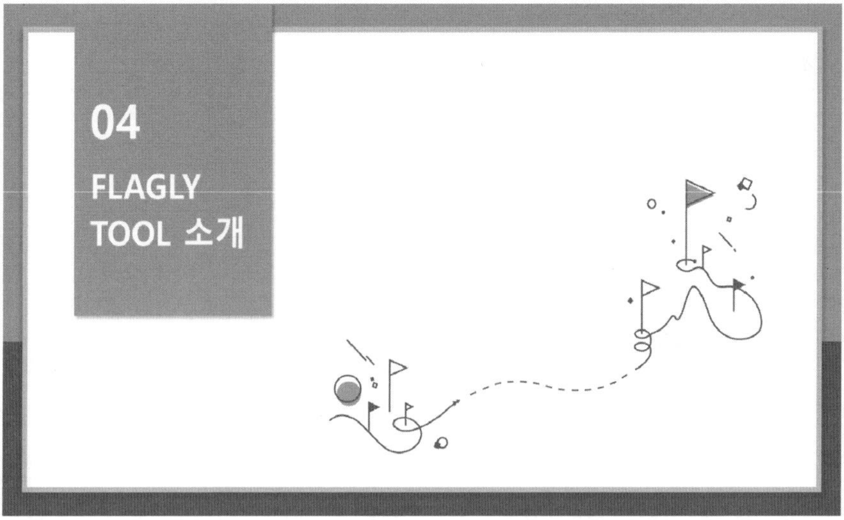
04
FLAGLY
TOOL 소개

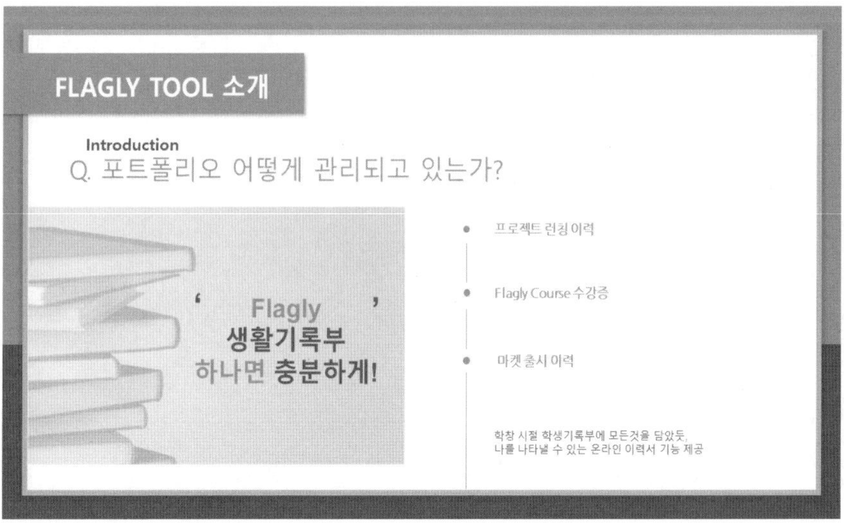
FLAGLY TOOL 소개
Introduction
Q. 포트폴리오 어떻게 관리되고 있는가?
'Flagly
생활기록부
하나면 충분하게!'
프로젝트 런칭 이력
Flagly Course 수강증
마켓 출시 이력
학창 시절 학생기록부에 모든것을 담았듯,
나를 나타낼 수 있는 온라인 이력서 기능 제공

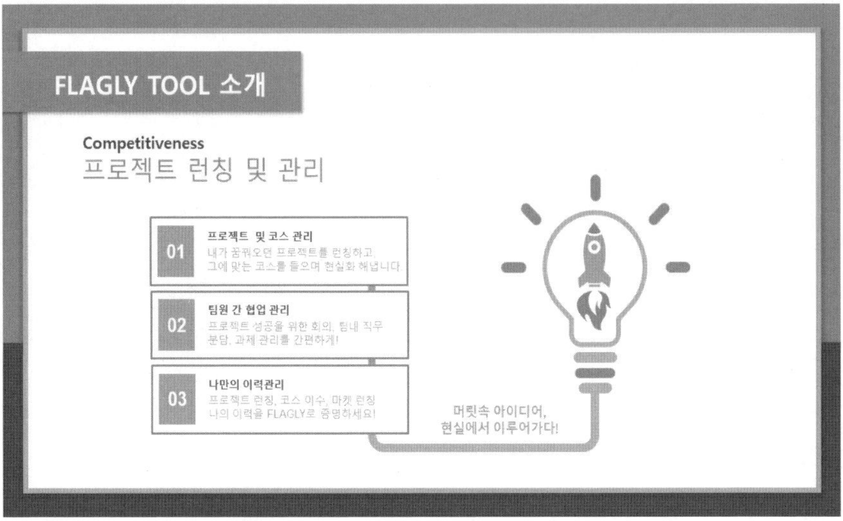
FLAGLY TOOL 소개
Competitiveness
프로젝트 런칭 및 관리
01
프로젝트 및 코스 관리
내가 꿈꿔오던 프로젝트를 런칭하고,
그에 맞는 코스를 들으며 현실화 해냅니다.
02
팀원 간 협업 관리
프로젝트 성공을 위한 회의, 팀내 직무
분담, 과제 관리를 간편하게!
03
나만의 이력관리
프로젝트 런칭, 코스 이수, 마켓 런칭
나의 이력을 FLAGLY로 증명하세요!
머릿속 아이디어,
현실에서 이루어가다!

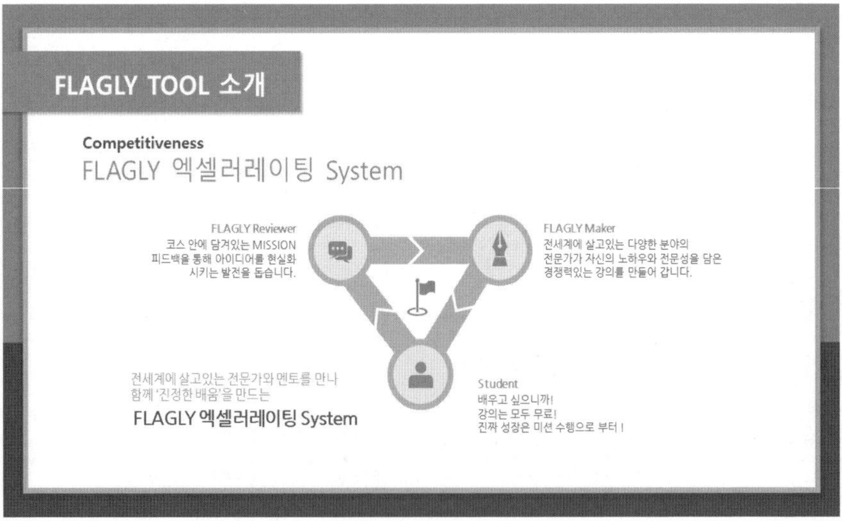
FLAGLY TOOL 소개
Competitiveness
FLAGLY 엑셀러레이팅 System
FLAGLY Reviewer
코스 안에 담겨있는 MISSION
피드백을 통해 아이디어를 현실화
시키는 발전을 돕습니다.
FLAGLY Maker
전세계에 살고있는 다양한 분야의
전문가가 자신의 노하우와 전문성을 담은
경쟁력있는 강의를 만들어 갑니다.
전세계에 살고있는 전문가와 멘토를 만나
함께 '진정한 배움'을 만드는
FLAGLY 엑셀러레이팅 System
Student
배우고 싶으니까!
강의는 모두 무료!
진짜 성장은 미션 수행으로 부터 !

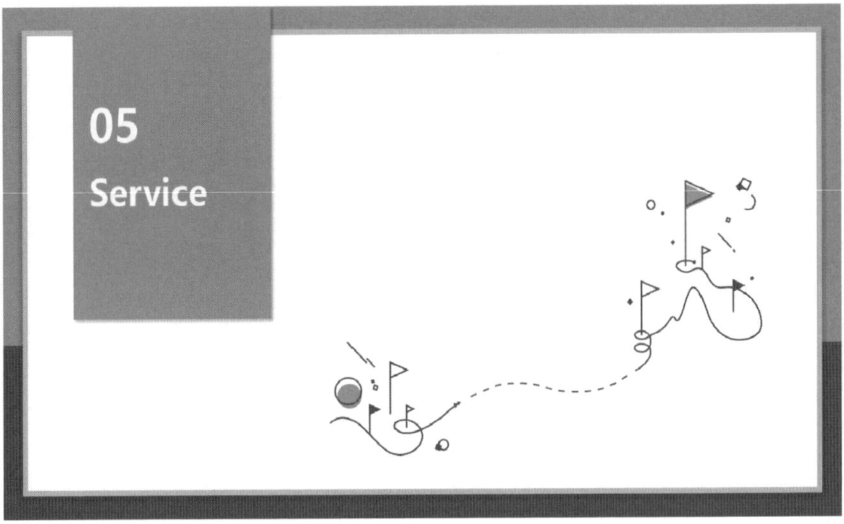
05
Service

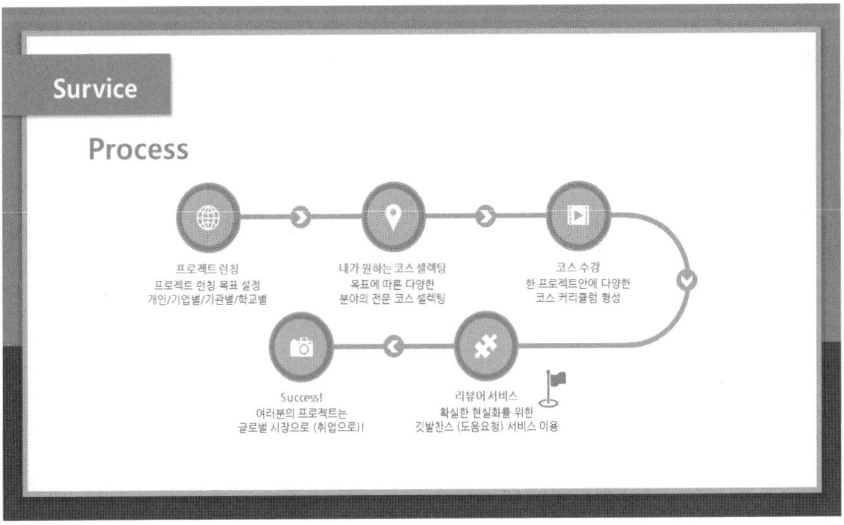
Surivce
Process
프로젝트 런칭
프로젝트 런칭 목표 설정
개인/기업별/기관별/학교별
내가 원하는 코스 셀렉팅
목표에 따른 다양한
분야의 전문 코스 셀렉팅
코스 수강
한 프로젝트안에 다양한
코스 커리큘럼 형성
Success!
여러분의 프로젝트는
글로벌 시장으로 (취업으로)!
리뷰어 서비스
확실한 현실화를 위한
깃발찬스 (도움요청) 서비스 이용

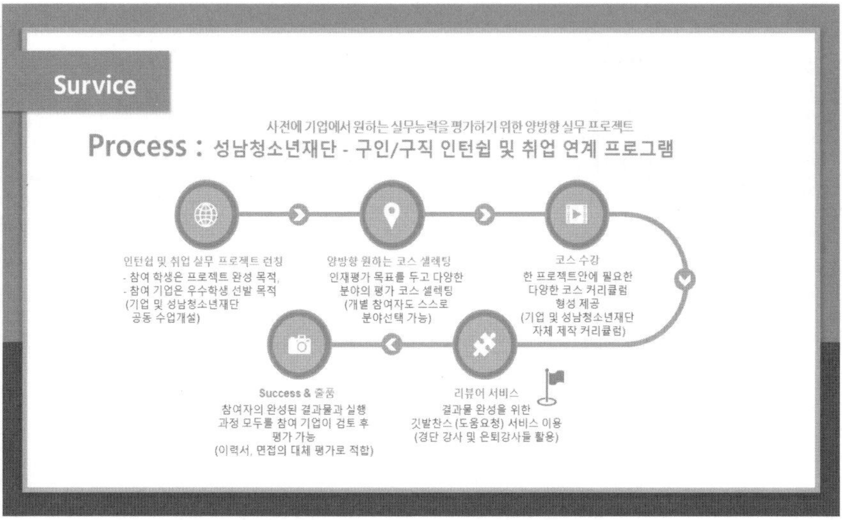
Survice
사전에 기업에서 원하는 실무능력을 평가하기 위한 양방향 실무 프로젝트
Process : 성남청소년재단 - 구인/구직 인턴쉽 및 취업 연계 프로그램
인턴쉽 및 취업 실무 프로젝트 런칭
- 참여 학생은 프로젝트 완성 목적,
- 참여 기업은 우수학생 선발 목적
(기업 및 성남청소년재단
공동 수업개설)
양방향 원하는 코스 셀렉팅
인재평가 목표를 두고 다양한
분야의 평가 코스 셀렉팅
(개별 참여자도 스스로
분야선택 가능)
코스 수강
한 프로젝트안에 필요한
다양한 코스 커리큘럼
형성 제공
(기업 및 성남청소년재단
자체 제작 커리큘럼)
리뷰어 서비스
결과물 완성을 위한
깃발찬스 (도움요청) 서비스 이용
(경단 강사 및 은퇴강사들 활용)
Success & 출품
참여자의 완성된 결과물과 실행
과정 모두를 참여 기업이 검토 후
평가 가능
(이력서, 면접의 대체 평가로 적합)

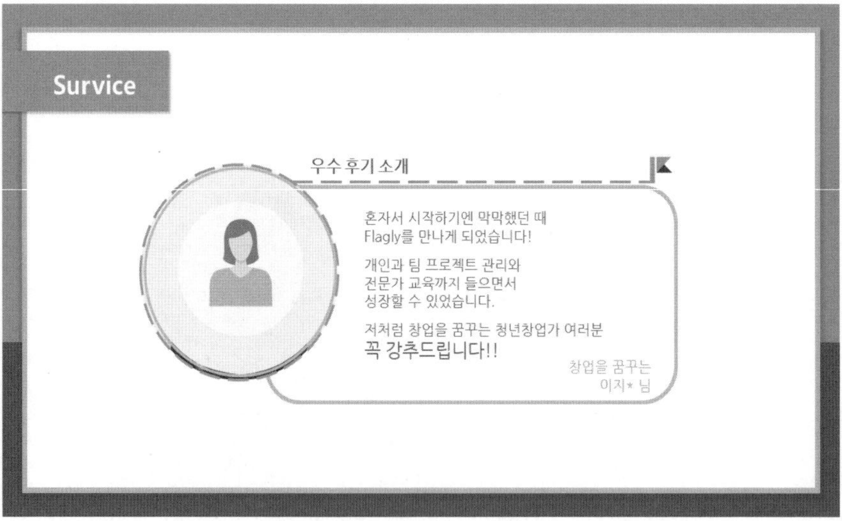
Survice
우수 후기 소개
혼자서 시작하기엔 막막했던 때
Flagly를 만나게 되었습니다!
개인과 팀 프로젝트 관리와
전문가 교육까지 들으면서
성장할 수 있었습니다.
저처럼 창업을 꿈꾸는 청년창업가 여러분
꼭 강추드립니다!!
창업을 꿈꾸는
이지* 님

부록 2 실전 Business Model Canvas(BMC)

| 모빌리티용 반도체 연료전지 사업의 Business Model Canvas(BMC) 예시 |

Key Partners

Fuel Cell Manufacturers

Small aircraft or marine system developers

Department of Defense

Military Contractors

Academic institutions or scientists

Foundries

Public Research Groups

Public Science Media

Key Activities

Prototyping

Algorithm development

IP creation via R&D

Productization & support

Key Resources

[Exclusive] IPs

Machine learning/Deep learning infrastructure

Man-power/ Advisory

Capital

Value Propositions

Development Time Reduction [ ]hrs/ [75]%

Cost Reduction [ ]$/ [50]%

Prediction Accuracy [95] %

Ease of SW use for modeling or designing

Customer Relationships

Product/ technology excellency (proven performance)

Immediate tech support, consultation

Co-development or Co-creation

Channels

Direct sales

Trade Shows

Web sales

Customer Segments

Director(VP) of product development (Engineering)

Director(VP) of R&D

Director(VP) of Biz dev

in fuel cell manufacturers such as Horizon Energy Systems, Doosan, Ballard Power Systems, SFC Energy AG, etc

Cost Structure

Variable Cost
- R&D: algorithm & prototype development
- IP: filing and maintaining

Fixed Cost:
- HR: Hiring experts / scientists, Office Lease
- Production: AI running infrastructure operation & maintenance

Revenue Streams

Platform (SW) Direct Sales: $10,000 per account

Milestone payment (co development): TBD

IP licensing: $1,000 per unit

부록 3 창업자 간/주주 간 계약서(Founder's Agreement)

| 동업계약서 작성을 위한 주요 조건 사항 |

구분	주요 내용
목적	주식회사 설립 및 설립 후 주주 간 계약서 작성을 위한 공동 창업자 간 동업계약서 체결
설립 시 공동 창업자 초기 지분 비율 (최초 주식발행 시점 기준)	• 박××: 80% • 김××: 10% • 이××: 10%
역할 및 업무범위	• 박××: 대표이사-재무, 회계, 인사, 조직관리, 자금유치 등 회사 업무를 총괄 • 김××: 사내이사-기술 및 제품개발 총괄 • 이××: 사내이사-경영지원 및 마케팅 총괄 위 사항은 각 공동 창업자가 주로 맡을 업무이며, 회사 설립 1년간은 모든 공동 창업자가 공동으로 역할을 맡는다.
합의 및 협의 사항	공동 창업자들은 다음 각 사항에 관해 공동 창업자 전원의 합의로 결정하고, 회사 설립 후 주주총회 또는 이사회 결의가 필요한 경우 공동 창업자들의 합의에 따라 의결권을 행사하며 공동 창업자들은 상호 우호지분 역할을 하여 경영권을 보호하는 데 합의한다. • 정관의 변경 • 주식 및 주식 관련 사채의 발행, 주식매수선택권 부여 등 자본금의 증감을 가져올 수 있는 행위 • 배당의 결정 • 주된 사업의 변경, 신규 사업의 진출 • 사업의 중단 또는 포기, 사업 양수도, 합병, 분할, 분할합병, 주식의 포괄적 교환 또는 이전, 영업의 양도, 영업의 양수, 위탁경영 기타 회사조직의 근본적인 변경 • 회사와 주요 경영진 및 이들의 특수관계인과의 거래 또는 계약 • 회사가 1억 원을 초과하여 투자하는 행위

	회사 설립 후 회사 및 공동 창업자들은 다음 사항에 관하여는 다른 공동 창업자에게 사전에 통지하고 이를 협의한다. • 이사회 및 주주총회 결의사항 • 연간 사업계획 및 예산의 결정 • 기타 회사의 운영에 중대한 영향을 미치는 사항
계속 근무	• 공동 창업자는 본 계약 체결일로부터 사유를 불문하고 3년간 다른 공동 창업자들 전원의 사전 서면 동의 없이 회사에서 퇴사해서는 안 된다. 단, 해당 공동 창업자에게 책임 없는 사유로 인한 비자발적 퇴사에 대하여는 본 사항 적용을 배제한다. • 위 사항에도 불구 공동 창업자가 3년 이내에 회사에서 퇴사하는 경우, 다른 공동 창업자는 퇴사하는 공동 창업자가 보유하고 있는 주식 전부 또는 일부를 퇴사일 당시의 각 지분율에 따라 퇴사하는 주주로부터 매수할 수 있는 권리를 가진다(미국 Vesting 약정을 준용하기로 함). 공동 창업자가 설립일 후 1년 1일, 즉 Vesting 약정에 따라 배정 주식의 1/3이 되는 날 퇴사하는 경우는 보유 주식을 액면가로 매도, 1년 2일~2년 내에 퇴사하는 경우는 보유 주식을 액면가의 3배까지의 가격으로 매도, 2년 1일~3년 내에 퇴사하는 경우는 보유 주식을 액면가의 6배까지의 가격으로 다른 공동 창업자에게 지분율에 따라 매도할 수 있다. • 이 조건에 따른 권리행사는 퇴사자가 다른 공동 창업자 및 회사에 대하여 부담하는 위약금 등 손해배상의무에 영향을 미치지 아니한다.
경영 금지 및 신회사 설립 금지	• 공동 창업자는 회사에 재직 중인 기간 및 회사를 퇴사한 날로부터 3년간 회사가 영위하는 사업과 동종의 사업 또는 회사에 직접 또는 간접으로 중대한 영향을 미치는 사업(이하 '경쟁사업')에 종사할 수 없다. • 공동 창업자는 회사에 재직 중인 기간 및 회사를 퇴사한 날로부터 5년간 경쟁사업을 영위할 목적으로 신회사를 설립하거나 경쟁사업을 영위하는 회사(이하 '경쟁회사')의 지분을 취득할 수 없다.
기밀유지	• 공동 창업자는 회사에서의 근무 등 본 계약에 의한 업무 수행과정에서 회사 및 다른 공동 창업자로부터 취득한 일체의 비밀(사업계획 및 파트너십 등 사업상 비밀, 기술 및 노하우 관련 비밀, 인사, 조직, 재무 전산등 관리 비밀, 거래처 등 영업 비밀 등을

기밀유지	포함하며, 이에 국한되지 아니한다)을 타인에게 누설 또는 공개하거나 자신 또는 제3자의 이익을 위하여 스스로 이용하여서는 안 된다. • 본 기밀유지의무는 공동 창업자가 회사에 재직 중인 기간 및 퇴사한 날로부터 5년간 유효하다.
주식의 처분제한	• 공동 창업자는 회사 설립일 이후 3년 이내에 다른 공동 창업자 전원의 사전 서면 동의가 없는 이상 자신이 보유한 회사의 주식을 처분할 수 없다. • 공동 창업자가 주식을 처분하고자 다른 공동 창업자의 사전 서면 동의를 요청하는 경우, 보유 주식을 처분하고자 한다는 취지, 처분 상대방에 대한 정보, 처분 주식수, 주당 처분가격, 처분예정일, 기타 처분의 주요 조건을 명시한 서면을 다른 주주에게 제공해야 한다. • 공동 창업자는 주식처분에 대한 다른 주주들 전원의 사전 서면 동의를 얻은 경우에도 우선매수권, 공동매도권 등의 제한하에서만 주식을 처분할 수 있다.
우선매수권	• 주식을 매도하고자 하는 공동 창업자가 보유 주식의 전부 또는 일부를 제3자(다른 공동 창업자, 기타 주주를 포함)에게 양도하고자 하는 경우, 다른 공동 창업자는 양수 예정자에 우선하여 동 주식을 매수할 권리가 있다. • 양도인은 양수 예정자에게 주식을 양도하고자 하는 경우, 양도인이 보유한 주식을 양도하고자 한다는 취지, 양수 예정자에 대한 정보, 양도 주식수, 주당 양도가격, 양도 예정일, 기타 양도의 주요 조건을 명시하여 양도 예정일로부터 30일 전에 우선매수권자에게 서면으로 통지한다. • 우선매수권자는 양도인으로부터 통지를 받은 날로부터 30일 이내에 양도 주식에 대하여 양수할 의사가 있음을 통지할 수 있고, 이 경우 양도인은 처분 대상 주식을 우선매수권자에게 주요 양도 조건과 동일한 조건으로 매도한다. • 우선매수권자가 통지를 수령한 후 30일 이내에 위 주식에 대한 우선매수권을 행사하지 아니하는 경우, 양도인은 양도 통지된 주식 중 우선매수권자가 우선매수권을 행사하지 아니한 주식을 다음의 조건으로 양수 예정자에게 매각할 수 있다. • 양도 주식수는 통지된 주식수와 일치해야 한다.

우선매수권	• 주당 가격은 통지된 주당 양도가격을 하회하여서는 안 된다. • 양도의 기타 조건은 통지된 주요 양도 조건보다 양수 예정자에게 유리하여서는 안 된다. 단, 양도 예정일 이외의 일시에 양도하는 것은 주요 양도 조건보다 유리한 것으로 해석되지 않는다. • 30일 이내에 양수 예정자에게 주식이 매각되지 아니할 경우, 양도인은 규정된 절차를 다시 이행해야 한다.
공동매도권	• 양도인의 주식의 처분 제한 및 우선매수권에 따라 주식을 양도하고자 하는 경우, 다른 공동 창업자 우선매수권을 행사하는 대신 양도인과 동일한 조건으로 양도에 참여할 수 있는 권리가 있다. • 공동 매도권자는 양도인으로부터 통지를 받은 날로부터 30일 이내 자신이 양도하고자 하는 주식의 종류와 수를 양도인에게 서면으로 통지함으로써, 주요 양도 조건과 동일한 조건으로 자신이 보유하고 있는 회사 주식을 양수 예정자에게 양도할 수 있다. 이 경우 양도인은 자신이 보유한 주식과 함께 공동 매도권자가 양도를 희망하는 주식이 통지된 주요 양도 조건과 동일한 조건으로 양수 예정자에게 양도되도록 해야 한다. • 공동 매도통지기간이 종료한 날로부터 30일 이내에 양수 예정자에게 주식이 매각되지 아니할 경우, 양도인은 규정된 절차를 다시 이행해야 한다.
권리 및 의무의 양도 제한	공동 창업자는 다른 주주의 사전 서면 동의 없이는 본 계약에 따른 권리 또는 의무를 제3자에게 양도 또는 이전할 수 없다.

찾아보기

[저자약력]

윤용진

4차 산업혁명 기반 기술을 연구하고 사업화하는 공학자

카이스트(한국과학기술원) 기계공학과에서 '디자인 씽킹 실전 창업'과 '공학 설계론'을 가르치고 있다. 특히, 4차 산업혁명의 기반이 되는 스마트 제조 및 초소형 첨단 드론을 연구하고, 이를 사업화하는 기술 스타트업 육성에 지속적으로 기여하고 있다.

2009년 미 스탠퍼드 대학에서 기계공학 박사 및 경영공학 박사 부전공 학위를 받았으며, 현재 대학산업기술지원단 12대 단장, 카이스트 창업 전문 조사역, 첨단 드론 방위산업 클러스터 혁신연구소 소장, 인라이트벤처스 자문 파트너 및 싱가포르 난양공과대학교 초빙교수로 활동 중이다.

또한 다수의 창업 경험을 바탕으로 디자인 씽킹 실전 창업 강의를 활발히 진행하고 있다. 이와 함께 국내 스타트업의 해외진출 및 기술사업화 정책의 선진화에 많은 노력을 기울이고 있다.

이 책 〈Design Thinking 실전 창업〉을 통해 그는 자신의 살아있는 창업 스토리를 넘나들며 창업에 대한 생각과 창업을 준비하는 데 유용한 도구인 디자인 씽킹 창업 방법론을 소개함으로써 창업이라는 인생의 새로운 여정의 길로 독자들을 안내한다.

Design Thinking 실전 창업

2023년 11월 5일 1판 1쇄 인쇄
2023년 11월 10일 1판 1쇄 발행

저 자 | 윤용진
발 행 인 | 이수영
발 행 처 | 도서출판 청람
서울시 마포구 독막로 288(대흥동, 세양상가 109호)
전 화 | 02) 3272-2601~2
팩 스 | 02) 3272-2603
이 메 일 | crbooks@daum.net
홈페이지 | http://www.crbooks.co.kr
등 록 | 2000년 8월 26일 제6-0509호

ISBN 978-89-5972-989-0 93320 [정가 18,000원]